大展好書　好書大展
品嘗好書　冠群可期

大展好書　好書大展

品嘗好書　冠群可期

楊式太極拳 16

楊振基傳
太極拳內功心法

胡貫濤　著

大展出版社有限公司

目 錄

楊式太極

理論體系的成功踐行者

楊式太極拳以其氣魄大、形象美的外在品格以及健身、禦身、醫身、修身的顯著功效，受到社會各界的普遍讚譽和歡迎，被人們稱為活動的雕塑、流動的音樂、優美的山水畫、歡暢的抒情詩。楊式太極拳以空前的規模和速度正在世界各地傳播。

不少人在深度思考，什麼樣的理論體系指導使楊式太極拳形成今天這樣的風貌？它的博大和精深之處何在？能否有一個面目可親、接近地氣的楊式太極功修煉者，用不帶修飾的實練，給我們闡釋一下太極理論的最高表現《三十二目》，從而使我們的練功之路更加清晰？胡貫濤老師的這本書，就是應運而生的範本。

胡貫濤老師的經歷，回憶起來，帶有濃重的傳奇色彩，大概這就是天命和運程。他出生在古代趙國國都邯鄲，這裡自古多慷慨悲歌之士，民間尚武之風甚濃，武林高手數不勝數。他自幼身體贏弱，父親在他年幼時，即讓他拜在八卦掌大家程廷華的外甥張子恒老師門下，學會了導引吐納術。1971年，他又巧遇通臂拳大師田耀東，學會了一套終身受用的通臂拳。

在武術生涯中，他感到最值得慶幸、受益最大的，是

結識楊式太極拳第四代嫡系傳承人楊振基老師。

在「文革」期間，楊老師先是不答應授拳，後真心接納了這位學生。在不足三十平米的家中，從1967年至1969的三年中，胡貫濤一點一滴地學著楊式太極拳。後來幾年，他在沒完沒了的盤架子過程中，「忽然有了感覺」。楊老師鼓勵他「快要上路了」。

楊老師帶他在內功和拳架結合上下工夫，圍繞古譜《三十二目》一點點講解，特別是在一定場合，講了「骨肉分離」和用「骨架」打拳的深層奧妙，這是他聞所未聞的。後來，楊老師根據他的功夫積累，專門給他講了「嵌勁」和「抽絲勁」的結合，鼓勵他在拳架意念上改為「十指領勁」，內力上改為「以骨行拳」，形成自己的套路風格。這時，胡貫濤老師感到在養生和技擊兩個方面，都有了新的突破。

楊老師還重點講解了諸如「白鶴亮翅」幾個勁點運用竅要。他把八卦掌、通臂拳基本功力，和老師傾心相授的楊式理論結合起來進行磨鍊，真正嘗到了「功夫通透」的味道。而楊老師所講的理論，都集中在《三十二目》中。

楊式太極家傳秘譜《三十二目》，到底是一部什麼樣子的著述呢？《三十二目》是楊家的鎮宅之寶，是楊式太極拳之魂。叫三十二目，實則是四十目。前三十二目是主體，後八目是後人所加的提示讀三十二目的要領。

根據該譜所使用的詞彙「體育」以及其他旁證，《三十二目》應成書於1861年至1893年之間，也就是楊露禪晚年至楊班侯盛年時期。該譜曾贈送或部分傳抄於楊家愛

徒之間，先後由其弟子們在不同場合部分披露。老譜真件
一直密存於楊家。1962年，楊澄甫夫人侯助清把秘本交
於將要到中共華北局授拳的楊振基先生。

　　在秘藏三十年後，1993年，楊振基影印發表於《楊
澄甫式太極拳》一書中，人們久久期盼的楊家老拳譜這時
才得以面世。這在當時轟動了太極拳界。

　　《三十二目》總結了王宗岳《太極拳論》以來，太極
拳文化的成果，是太極拳文化的最高形態。它以道家文化
為主幹，吸收儒家、佛家的豐富文化營養，站在極高的理
論層面回答了太極拳由「術」達「道」的根本問題。

關於核心價值觀：性命之學

　　太極拳以「體育修身進之」，以「手舞足蹈」的採戰
之術，結合自身拳架套路訓練的陰陽採戰與兩人推手訓
練的對峙採戰，「自天子至於庶人，一是皆以修身為本」
「能如是，表裡精粗無不到，豁然貫通，希賢希聖之功，
自臻於日睿日智，乃聖乃神，所謂盡性立命，窮神達化在
茲矣」。至此，太極拳為社會各界指明了一條盡性立命階
及神明之路。

關於人體結構：精氣神

　　「夫精者，生之本也」「腎者，主蟄，封藏之本，精
之處也」「人始生，先成精，精成而腦髓生，骨為幹，脈
為營，筋為剛，肉為牆，皮膚堅而毛髮長，穀入於胃，脈
道以通，血氣乃行」。先後天之精，是人的生理能量。

得自父母的「祖氣」，得自天地的「正氣」，和調五臟，灑陳六腑，壯筋骨，禦外邪，是一種看不見的生物能量。

原始真如為元神。先後天兩精相摶，生成後天神，先後天之神，構成了以天地之理相貫通為法則、制約引導精氣運行的心理能量。

「人身太極解」云：「此言口、目、鼻、舌、神意，使之六合，以破六慾也，此內也。手足肩膝肘，胯亦使六合，以正六道也，此外也。」太極拳解決了透過心的六合以破六慾，以身的六合以正六道，這樣一種心身合練的方法，以人的心理能量作用於身軀，達到由任到憶，由憶到存，因志而存變，因思而遠慕，由審識處物以臻隨感而應、應物無方的境界，達到精氣神的完美結合。

關於能量的樞紐：命門三焦

精氣神的人格結構中，「水穀之氣」的生物能，要昇華為生理能「精」和心理能「神」，需要一個綜合的能量輸送、生化、排泄、轉換系統。五臟六腑擔綱起了這個功能，特別值得一提的是六腑中的三焦。

明朝李時珍曰：「三焦者，元氣之別使，命門者，三焦之本源。」名醫趙獻可曰：「命門乃人身之君」「乃一身之太極，無形可見，兩腎之中是其安宅。」張景岳認為，陽氣之根在命門，「陽強則壽，陽衰則夭」。命門主乎兩腎，養陽必須養命門。

《三十二目》吸取了明代醫學大家的成果，在「人生

太極解」「太極平準腰頂解」中，把《易筋經》的揉膜，提升到太極拳的知覺運動，將原先側重的「玉環穴」，移注到腰部的「命門」，由原先的「肺主鼻」「在竅為鼻」，改為「鼻為命門之竅」，這就是實現了一次質的飛躍，這就把坐式臥式小周天功夫，演進為任督統領，蹻維相聯的大周天功法；把內壯的功法，演進為以「知覺運動」為核心的身心合一、性命雙修的人格完善體系。「命意源頭在腰隙」「刻刻留意在腰間」，都揭示了命門三焦的重要。

能量轉化的法則：陰陽顛倒

人的命門，成年之後，通常處在凹陷狀態。只有由沉肩墜肘、含胸拔背、收腹斂臀，才能將命門凸顯出來，由呼吸的配合，將大椎對拉拔長，將胸腔增大，一呼一吸，一捲一放，一合一開，一蓄一發，隨著命門所處位置的一張一弛，完成了對於「心火」「腎水」的一降一伏。

「太極陰陽顛倒解」云：「如火炎上，水潤下者，水能使火在下而用，水在上，則為顛倒。然非有法治之，則不得矣。」太極拳將命門三焦人體之中的「放捲得其時中」落到了可操作的層面。丘處機云：「夫真火者，我之神也。而與天地之神、虛空之神同其神也。真候者，我之息也，而與天地之息、虛空之息同其息也。」當代太極大家徐震講：「但覺融融泄泄，若將飄搖輕舉然，夫是之謂能化。」人體能量轉化的法則，既神秘，又明朗。這個明朗，蘊含在神秘之中。楊家親傳的練功方法，經身傳口

授，變得明朗。這都是太極大師們的歷史貢獻。

流行之要：身形腰頂

「太極人盤八字歌」說明身軀在意的齊頭並進，平送身軀，是最重要的運動法則。「以身分步，五行再焉，支撐八面」「以中土為樞機之軸，懷藏八卦，腳跐五行」。這就不能像外家拳那樣躥蹦跳躍，而是像圓規的實腳，以帶動身形的弧線來變化。所以，「身形腰頂」成了太極拳最基本的身法要領。

「太極平準腰頂解」以及第八、九、十目所涉及的「身形腰頂」，都是對《太極拳論》中「立如平準，活似車輪」的詮釋。腰頂的要領是「窮研」，指尾閭內斂、虛領頂勁後所形成的軸，就像研磨的杵。身形的要領是順著腰頂的窮研而「伸舒」，形成圈。肩胯兩軸，像是圓規兩腳分出虛實。左右虛實，構成兩個車輪的圈，實軸乃是研，是天平的根株。「車輪兩，命門一，纛搖又轉，心令氣旗，使自然，隨我便」。環環相扣，斷接俯仰，兩手如天平的託盤，感知運動變化之妙。

對待之妙：知覺運動

《三十二目》反覆強調一個概念：「知覺運動」。「知覺運動得之後，而後方能懂勁，由懂勁後，自能階及神明矣」「非乃武無以尋運動之根由，非乃文無以得知覺之本源。是以運動而知覺也」「先求自己知覺運動，得之以身，自能知人」「要知人之知覺運動，非明沾黏連隨不

可」「運動知覺來相應，神是君位骨肉臣。分明火候七十二，天然乃武並乃文」。為什麼這麼強調「知覺運動」？這正是太極拳基本路徑和高明之處。

「覺」是大腦皮質對外界事物的第一感受，而「知」是深思熟慮後，對外界的判斷和處理。太極推手就是在相互的沾黏連隨中，克服頂匾丟抗之病，去覺知對手勁力大小、方向、目標，去把握對手的運與動，做到「彼不動，己不動，彼微動，己先動」。所以，太極拳運動，一定是直面，而不是逃避；一定是陰陽採戰，而不是頂抗丟匾；一定是後發先至，而不是先聲奪人；一定是以柔克剛，而不是以強凌弱。這實際上給了我們一個發現問題、思考問題、分析問題、解決問題的思維模式、行為模式。所以，太極拳盡顯傳統文化的魅力，也是地地道道的盡性立命的儒家心學。

胡貫濤老師太極修為的可貴之處，就在於他的太極拳修煉，從拳架套路到推手器械，從站樁到導引，每一步，都是在楊家嫡系傳人楊振基先生的具體指導下一步一步完成的。

楊振基是楊家老譜《三十二目》的持有者，是楊澄甫著作《太極拳體用全書》所列傳人中最後最晚的存世者。胡貫濤拜楊振基老師為師學拳，是在一個特定的年代——「文化大革命」時期，楊師教拳帶人很少，干擾極少。這樣他在楊振基老師指點下，一步一步走過的路子，收穫的體會和經驗，就有很珍稀的價值和真實不虛的意義。他能花大力整理出來，是歷史責任感的驅使，是超越功利的，

所以，此書的出版是楊式太極拳愛好者以及一切修為靜功人們的福祉。

歷史總有巧合，我家就在體育場東面數百米，雖沒有向楊老師拜師學藝的幸運，但對楊老師在長滿蓖麻的大溝裡打拳的情境非常熟悉，對楊老師授拳的社會生態非常熟悉。

1991年，我創辦「中國永年國際太極拳聯誼會」時，邀請楊振基、楊振鐸、楊振國三兄弟參加，交往就多了起來。1992年春天，我安排楊振基老師到邯鄲地委、行署機關大院教授楊式太極拳傳統套路，才漸漸感到裡面的博大與精深，所以我對胡貫濤老師書寫的社會環境和人物的音容笑貌都有一種親切感和真切感。

1991年，首屆「中國永年國際太極拳聯誼會」，陳式太極拳的陳正雷、馮志強，楊式的楊家三兄弟和傅鍾文，吳式的馬岳梁、吳英華，趙堡式的王海洲，武式的姚繼祖，孫式的孫劍雲，這些泰斗級的人物參加論壇，使我們看到太極拳文化的高、深、雅。

從那時，我就一直在思索，楊式太極拳受到社會各界的歡迎和擁戴，其根本原因是什麼？楊式太極拳的歷史貢獻是什麼？二十多年來的思考，一直不甚了了。

2013年雲南大理的太極拳養生大會上，《武當》雜誌劉洪耀社長和柯超副總編以及楊式太極的主要傳人定下於2014年10月份在武當山下丹江口市，舉行首屆楊式太極拳高峰論壇，邀我主持。自此，我用兩年時間集中研讀太極拳文化史，特別是考證、研究《三十二目》後，才真

正有了豁然開朗的感覺。太極拳文化由《三十二目》的出現，才由「自在文化」，發展到了「自覺文化」。今天的人們，在東西方文化交流大潮中，向全世界推廣太極拳，已經是「文化自覺」的表現。在幾個發展階段中，《三十二目》是個文化標誌。今天，我們讀到胡貫濤老師的《楊振基太極拳內功心法》，如飲甘露，醍醐灌頂，使我們這些站在東學西漸潮流潮頭之上的人們，腳跟更穩了。我們應深深地感謝在太極拳文化陣地上辛勤耕耘的人們，感謝他們歷史性的奉獻！

中國永年國際太極拳聯誼會創會秘書長
中華太極文化國際總部學術指導
翟金錄

序

　　燕趙自古多俠士，也許是地靈人傑，風水使然吧！廣府楊家得武當嫡派太極拳，薪火相傳，聲震華夏，名垂宇內，沒有楊家於京都首傳太極，就沒有今天的太極拳盛世，經各支系傳人的不懈努力，交相輝映，蓬勃發展，使太極拳成了中國與世界交流的文化代言，成為一張靚麗名片，一朵絢麗的奇葩。

　　太極一詞源自《易經》，是指陰陽二氣的平衡統一。何為陰陽二氣？老陰老陽者水火也，少陰少陽金木也，土居中宮本陰陽，構建成五行四相陰陽二氣的太極系統。

　　拳者權也，權衡之術。顧名思義，太極拳術是在太極系統的理論指導下，外引肢節筋骨，內導經穴氣血，從而達到人體陰陽二氣的平衡，人體自身的陰陽平衡，成一小太極狀態，進而達到與環境與社會的陰陽和諧，形成一個大太極，是故陰陽平和是太極拳修煉之主旨，非圖恃武逞霸也。

　　張三豐祖師云：「欲令天下豪傑延年益壽，不徒為作技擊耳。」

　　在太極拳楊系第五代傳人中，有一位功高德厚的人，他就是楊家太極拳第四代宗師振基公的高徒──胡貫濤師

父。古云：口傳一人，書教萬世，胡師父發心廣傳太極正法，著書立說，他所寫的《楊振基傳太極拳內功心法》一書，將楊氏太極拳門內秘傳的內功、無極功、築基功、周天功、渾圓功等首次公開，述前人之不述，為後世太極之梯航明燈，是師承秘法並理論與實踐的結果。

在太極拳發展史上，由於諸多原因，形成傳拳不傳功之規，雖然拳架傳播很廣，然於內功之法少數人得傳，基本上是家族內傳。

胡師於「文化大革命」時期特殊的環境因緣，終得楊家太極內功之骨，擅化發透勁。其所傳授的太極拳具養生與實戰並重的鮮明特色，不但能正確地詮解太極拳譜，並將其拳術體系演練得淋漓盡致，當世高手也。

吾自幼好武慕道，廣涉武當內家龍門派、太乙門、松溪丹派、太和門、二儀門諸派武藝，於甲午春月在武當山五龍宮清修期間，遇華山派李萬茂道長訪武當，與其一見如故，切磋交流武功、醫道和易圖玄機，相談甚歡，後應道長之邀下山訪太極拳於廣府城，並引薦我認識胡師，得胡師開示太極理法，並親演太極拳術，觀其拳架湧、壯、飄、透，大拙藏巧，與世俗之太極操絕然不同。

後又與我搭手，吾被一股強大的渾圓內勁籠罩，不敢妄動，大感不妙，知今日遇到高人，遂誠心執弟子之禮求教，蒙師不棄，首開山門，忝列門牆，稍窺太極拳法之堂奧。

太極內功，是太極祖師智慧的結晶，是楊家幾代傳人無私奉獻的結果，是胡師父練武一生的心血。書成，師問

序於我，吾不擅文，但為弘揚太極文化而不揣文才之淺陋，濡筆書之，是為序。

詩云：「武當內家太極拳，養生技擊震武壇。楊氏誠心守衣缽，承上啟下功千秋。」

武當全真龍門十九代玄裔
武當松溪丹派十三代傳人
林圓龍

遇明師始知太極
丹田真氣運朝夕

　　清代楊氏太極傳抄老譜《大小太極解》開篇即講：
「天地為一大太極，人身為一小太極。人身為太極之體，
不可不練太極之拳。本有之靈而重修之，良有以也。」

　　能幸會胡貫濤師父一家是偶然中的必然，因為之前我
跟從師父栗憲庭修習不同的拳架已有幾年，而栗老師作為
太極拳的擁躉也已數年。

　　栗老師年輕時在工作之餘就熱衷於研習太極拳，尋尋
覓覓多年後才有機會得以由胡師父的長公子胡力夫引薦見
到真正高師——有真傳太極功夫在身的胡師父。兩個理想
主義倔老頭一見如故，氣場相當，一拍即合。有言說習拳
先明理，胡師父與栗老師相見恨晚，一上來就把習練楊式
太極拳的重要機宜傳授了。

　　有諺云：「真傳幾句話，假傳萬卷書，大道至簡。」
胡師父和師母都是為人質樸而不健談的人，在傳授關於任
督二脈和丹田命門與楊式太極拳的根本關係時更是言簡意
賅，相比於當下林林總總的太極書籍與網路視頻的汗牛充
棟，多少欲求太極真諦者因無明師引路而「堪笑迂儒錯用
功」了。若非有緣得到胡師父一家的知遇之恩，也同樣只
能無端徜徉於太極門外，於芸芸眾生中亦步亦趨迷途甚遠

而不自知了。

遇明師太需要天時地利人和的機緣。師父在遇到栗老師之前本是專心習武不收納徒弟的，可是一旦瞭解了栗老師的性情稟賦後即表示十分敬佩，遂主動提出要將自己已修煉多年珍視如生命的楊式太極功法教授於栗老師，說這樣德才兼備忘我無邪的人才應該獲取真功，是最應該得以修身長壽的人。

有了這樣良好的開端，能夠跟從師父修習楊式老六路太極拳，是使人備感幸運振奮的事情。師父也自一開始就對我們循序漸進、耐心明瞭地解說了楊式太極拳的規則和要領。

講到楊式太極拳主修陰陽五行與虛實開合時，師父強調說：道家的養生理念是講求道法自然，天人合一，而具體到功法的修煉方面，就體現為陰陽代表經絡，五行代表五臟，虛實開合是動靜之機，楊式太極拳則主修此理。

講天地萬物相互滲化，陰極陽生，陽極陰伏的矛盾哲理，說病皆因偏陰偏陽而起，而能正本清源強身健體其理在於如禹王治水，使大者入海，小者入江河。

又講不同功法對身體的生剋關係，天地大宇宙，人體小自然，有的功法如雨林之候，有的功法又喻作雪山之水，湖泊、江海，各循其徑，所言比喻人體與宇宙天地自然拳理的關係頗為形象樸素；還講到太極拳是慢修身快技擊的拳，古人所稱之筋即是現代醫學中的肌腱，長期的鬆沉對拉訓練可建立肌腱的抻拉彈力與長度，而建立起的這種彈力可形成一種彈性反射而增加出拳出腿的速度和力

量，因此，能夠技擊必能養生的唯有太極拳之道理可謂推心置腹，字字珠璣。

就這樣，跟從了胡師父才有機緣摸得太極門，得以窺望太極殿堂之博大精深。「身形腰頂」「虛實分明」「八段九節」「八門五步」「湧泉紮地」「鬆沉對拉」「氣沉丹田」「如履薄冰」「運勁如抽絲」「邁步如貓行」……在經歷了如墜雲霧乃至如走迷宮再到興之所至，入迷若三昧般地探求這座其大無外其小無內的寶藏。

陰陽，虛實，開合，對拉，鬆沉，整勁，腰拉腰帶，順逆抽絲，式式均勻，落地生根……顧此失彼，掤勁與守中之難，悟不盡的拳理之玄奧。早有拳經云：「一開一合，拳術盡矣。」

師父當初對鬆沉有他獨到的詮釋，說鬆沉鬆沉，鬆既是沉，沉既是鬆，另一點與其他解釋不同的還有：虛領頂勁的「頂」原本指的是腰頂。

師父的這一獨到解釋與糾正對於初涉太極功架的我們來說是何其關鍵啊。

慢慢學會在練拳時舉一反三，體會把每一定式時的一鬆到底之說理解為一沉到底，避免把控不好的一懈到底。穩靜的出動則是待蓄足勁之時，每一動都等待以腰身平穩的腰胯之力把勁力推動平送出去。

每至定式時鬆肩垂肘，以身軸為中心，腰胯鬆沉勁力上下兩分，下則勁沉湧泉入地，上則百會上領，力由腰胯貼脊背催肩肘達指梢放出，上下之力形成兩奪之勢。當然這一系列聯動都是在中正與整體和安舒的狀態下一氣呵成

的，所謂周身一家。

之前就聽說師父在評判有人打拳時說過勁力簡單的話：太極拳的每一招式在運用時形成的都是一個複雜的力場，用的是力撑八面之勢的整體內勁，這才是太極勁。

練拳伊始，師父再三強調的還有專注與靜心，猶如修禪。太極拳是道與拳一體的內家拳，其功法的修習要做到清水澄源，心無雜念，方可入得太極之妙境，悟得陰陽之宗理。只有胸懷虛靜，以一念代萬念，始能「恬淡虛無真氣從之，精神內守病安從來」。師父還說，太極拳規則極細，法則最嚴，從皮毛、骨肉、筋絡、氣血、五臟、六腑未有不達之處。

「太極拳應向內求，在內而不在外面。」這是之前看到的太極前輩的心得。李亦畬前輩也曾說：「心不靜則不專，一舉手前後左右全無定向。」至於如何向內，本要經過一番求索的過程。從理解到動作到位，要修煉到讓身手跟上頭腦的節奏，身體懂了方為真的懂勁。運勁如九曲珠也更像是在身與心之間走迷宮。

我們一開始從師學拳時的雄心勃勃，總是只關注何時功夫能上身和功夫上身時是什麼神奇感覺，氣宜鼓盪在身體裡是怎麼形成的呢？

在練拳一段時間之後幾人的煙火氣不覺全消，因為漸漸發現，一則習練太極拳需要專注與清心寡慾、清靜無為的心態；二則真的是不練不知道，以我們當時的水準要先把拳架練熟都還需要相當的時日，即剛開始練拳時身手動作還如幼兒初學吃飯走路一樣，手腳往哪裡擱都還沒個

準，妄談功夫上身就甚為可笑了。

　　也會於某一天，忽然產生只剩骨架之間的對拉感，亦時常會感到在某個問題上兜兜轉轉。不過也始終堅信，太極內力的增長一定會一如它的勁力走向一樣，呈螺旋狀態循行，有時貌似原地盤旋，卻有隨時空螺旋上升之勢，只要日修不輟。

　　若要跟從師父學習太極拳，首要開始築基功。師父囑我們先站無極樁以調身調息調心，目的是培根固元，把每個人後天養成的不良身體習慣，透過日久樁功訓練的調整，使身形的各種問題得以正本清源，漸漸修復，養足丹田氣，再配合行拳走架的訓練，使身體達到後天返先天的良好養生效果。

　　師父還講到，如果沒有樁功作基礎，一套拳想打得好看都難，更別提想要練出功夫了。這個階段又稱換勁過程，每次至少三十分鐘，加之以四時五氣意念心法，先過筋骨關，然後隨時間與身體的適應遞進，直到能夠在樁功中忘卻時間，感受到天人合一虛虛空空為好。關於時間的調整也曾費了些心思，因師父自幼練功，從小就寅時必起床站樁習拳的習慣已多年，我也試圖努力過，但是除非上課時必須早起外，其他時間從未實現。

　　自跟從師父習拳後方知曉了楊式太極拳的內功含義，明白了功架與廣場養生架的區別。在見到師父盤的拳架之素樸厚重之後，儘管師父會一再謙虛地說他這個拳架不好看，可師父越是這樣說我們卻更是深度入迷其中，義無反顧地摒棄了習練了幾年的如行雲流水般的廣場健身架。

　　的確，越練這套老六路八十八式拳也會愈加體會理解，傳統的功架不是專為外在觀賞而成的拳架，真功架樸素而簡潔，內固精神外示安逸又底蘊無限，是在行功走架中包羅了充滿東方理念特性和人文關懷的修養修為的拳，亦是在關鍵時刻能夠毫不含糊地應對實戰，伸手見高低、拳打兩不知的出神入化的內在真功。

　　道家功法追求的是返璞歸真，道法自然，不主張挑戰身體極限，以蓄養能量為本。習武者也必將德武雙修，以心修身。雖然師父十分強調關於樁功的修煉，稱樁功為太極拳之本，希望我們有時間就入靜修習功效會甚佳，可他也強調困了累了餓了雷雨天都需休息的道理，談到有先輩拳論裡的「太極拳練法，以心行氣，不用濁力，純任自然，筋骨鮮折曲之苦，皮膚無磋磨之勞」講的就是習拳是一個水滴石穿、積柔成剛的循序漸進的過程。

　　可是即使是這樣的勞逸結合，對於從無內功基礎的我們來說，若要達到師父要求的心神專一練真勁，也是極為不易的。

　　靜樁是用以不斷修煉身心的重要功法，太極最上乘的功法即是煉神煉意煉氣煉虛無。靜極思動，在樁功那文火慢煉的內力對拉與對於自身身心的微妙體驗中，汗水與酸麻痛累的堅持過程過後，漸入了讓人著迷的功感階段。

　　筋骨關一過，出現功感在身體裡流動的細微感覺是奇妙的，身體不再像塊木頭一樣麻木被動地戳在那兒，而是有種隨著呼吸與意念被喚醒的感覺，樁功後變得敏感，思維也變敏捷，感受身體從局部的、不能控制的發熱，到每

一站都如冬日沐浴暖陽的熱烘烘的舒適感，或於炎炎夏日如沐甘霖，每每在站樁半小時左右時會感受到周身毛孔漸漸地由上而下舒張，隨後覺知汗水在肌膚的表面如微小溪流般淌下，我知道這是氣血已開始在身體上巡行漫布的現象。

還有就是，由於各人身體狀態與問題不同，站樁後樁功功感也各有差異，有身體十分敏感的師兄則會迅速地出現翻舊病現象，然後症狀又隨逐日樁功消失。也有共同的現象，就是在經歷三九的時候，我們都發現自己不用穿得很厚也不怎麼畏寒了。

我觀察自己，經過樁功達到落肩回胛還真不玄虛，後背在不知不覺間變得挺拔，精神面貌由內而外所起的變化是顯著的，一些困擾著自己的老毛病，如過敏性鼻炎、階段性耳鳴、腰膝酸軟無力也都隨著站樁與練拳半年後悄然好轉，工作忙起來每天都必須要起很早做事，卻再也不像過去那麼易於疲勞了，精氣神好得明顯都驚到了家人和朋友，整個人都像是煥然一新。

奇妙的是，在樁功中所體驗到的感受亦會同樣體現在當天所練的拳架之中。在日積月累的樁功與拳架的修煉過程中，有氣力在身體內部暗暗養成，體會氣越變越長，力越來越有韌勁，勁足氣滿之後再隨不同階段不同用意進行深化訓練以達不同功用，所謂氣感，就是一種沉靜的內力在推動著身體的運作，練出常言所說的底氣，也就是具備了底勁吧。

樁功在修習一段時間之後還會使人具備一種神奇的能

力，那就是無論在何時何地，只要心之所向，你都能在意念裡脫離周圍的繁雜，迅速地靜下來回歸自己的內心。

練拳築基，武功文練，胡師的開功之法與別門迥異。太極拳十三勢口訣就有「入門引路須口授，功夫無息法自修」之說，說太極拳無師自通之難，非要面對面講，需手把手教。再看陳鑫語：「每一勢拳，往往數千言不能罄其妙」，所言極是。這其中亦是需經過體練文修與心悟的複雜過程。

要承受每摻加一種新的勁力，都要將之前認為並苦苦練就的連貫力打散，重新體會新勁力摻入的集散開合，就這樣時有喜悅時有煩惱，但在一波三折的起起落落間，體會身體已在悄然地慢慢變化中。

學拳離不開現場觀摩與實練。不守規矩不成方圓，「身形腰頂」更是離不開口授身傳，正確的功架必定是真功夫的基礎。

在跟從師父練拳之初，雖是門外漢，可是看師父行拳過程是甚為享受的，看得出師父那多年的功夫在他行拳走架的過程中身體整體如鑄，氣勢騰挪。出拳雖柔卻如綿裡裹鐵，真的是極柔軟而極堅鋼的，如看前人在拳論中對於功法的形容，那簡直條條都在師父行拳時的身上印證顯現著，李雅軒就曾說：「最上乘的功法是煉神，如真的沉下心氣練功夫，其身勢就特殊的莊嚴偉大，其五官面目就顯見一種非常莊嚴的氣派，正大的神氣，有令人感到神聖不可侵犯之威勢，此所以自古以來，練武的人士多有忠直俠義之風也。」

　　我和拳友都不斷揣摩師父的視訊影片百看不厭，嘆服不已，以至於有機會和師父在一起時就觀察他胳膊上的肌肉，好奇地研究師父那看起來十分放鬆的、肌肉一點都不堅硬的胳膊為什麼發人或打拳時又內勁無窮深不可測，挨他一下竟如被鐵鉗子鉗了一下或是被鎚子砸著一般，還見到他一個不經意就將一個師兄雙腳離地發出幾公尺外的鏡頭，也聽說他在家裡強調過不許從他身後與他動手開玩笑，以防下意識傷人的事發生。

　　不過看歸看，真的習練起來就兩碼事了，都知無論從養生還是技擊來說，兩方面都唯把身體上習慣的應激僵硬勁去掉，鬆開肌肉打開筋膜方可使經絡通暢，才能「氣遍周身不稍滯」。可是自己的身體由於從沒有樁功訓練基礎而漂浮不定，腰胯不分，不懂腰拉腰帶，控制不住的四肢妄動，現在想想那拳架打得不知多麼不盡如人意的，可是師父每一次都是耐心地看著我們打完一整套老六路八十八式拳，然後一一指出共同問題和各人的問題所在，真是難為師父了。

　　要說學習太極拳得有想像力不假，師父一開始就說楊式太極拳是文化拳，因為太極拳裡蘊含著太精深的中國哲學內涵與智慧，其轉換折疊亦與傳統文化裡包括書法、繪畫等門類中的起承轉合有著異曲同工之妙，都有理法相同和以臨摹範本作為學習師承的課徒方法，那麼，師父走了，就一遍遍地觀摩師父打楊式老六路八十八式太極拳的多角度與分解影片，然後仔細揣摩體會師父行拳動作的勁力和要領，悉心體會到，在太極中尋尋覓覓的矛盾對拉亦

像是戲劇情節裡的衝突與在繪畫的畫面之中表達的視覺共
鳴，在表達到位的那一刻會產生無法描述的感知魅力。

也悟到，太極拳最終是以意識引導行為動作，意在動
先，功到自然，肢體與內在喚醒的虛無勁連結以使身心靈
到達一個更高層面的境界。

受到用意不用力的困擾時，體會著為什麼拳論裡會強
調相連不斷與式式均勻，其根本搦說的就是內勁的不丟不
頂與不貪不欠的關係，在真正鬆透之後轉關折疊處還處處
不丟搦勁，方可達到勁力與氣勢如長江大河般的滔滔不
絕，氣遍周身不稍滯。

曾看到李雅軒前輩的一則拳論也令人茅塞頓開：「出
動時，以腰肌之力牽動兩臂，乃用一點點思想上的意思鬆
鬆地將兩臂搦挑起來，穩靜地出動。將一趟拳演變出來，
非四肢之自動也；把一趟太極拳形容出來，不是四肢之局
部之動，練後有甜液生於口中，便是練之得法處，身心已
感泰然。」這也與師父對我們練拳伊始的要求如出一轍，
雖然後來才理解其含義。

練功日久，我體會，樁功更像是沐浴，只是將身體心
靈沐浴在更廣袤的宇宙自然之時空裡，是由內而外再由外
及內的，而拳架是在樁功的階梯上循行一種動靜間的和諧
關係，動靜陰陽矛盾互為其根。

曾經聽得栗老師講過一句話：「一件事情只有你深刻
地認知了它，才能深刻地理解了它。」師父教授了功法拳
理，拳論心法也擺在眼前觸手可及，可對於拳論裡朗朗上
口的歌訣理解卻是階段式的，在練拳的過程中也常常會有

某一句耳熟能詳的句子躍出腦海來，始知歌訣裡所指功法其實十分具體，而後靈光一現地理解了前人是以歌訣的形式暗藏拳理，為的是讓習練者在恒久的習練過程中去慢慢體悟其中玄機。

熟架子的過程也是頗具挑戰性的，尋求整合身體的勁力與拳架的動作時，有時興致勃勃，有時又沮喪茫然。找根據，求聯繫，從一遍遍的摸拳過程中體會傳統文化的相通之處，聯想到太極用語如「綿裡裹鐵」「式式均勻」「形斷意連」都與傳統繪畫與書法的形式用語與內在理法如出一轍，體會鬆沉中進退，進退中鬆沉，尋找鬆沉對拉形成的兩奪之勁，漸覺習拳如運筆，運筆如習拳般的毫無陌生感，對於內在勁力開合的調和也如某種從內心深處抽絲剝繭牽動而出的萌發一樣從未生疏過了。

剛接完架子沒多久，我們師兄妹又急於看師父拆架子，以求更好地理解了拳法的技擊原理，之後便於達到動作的對拉與到位。這時師父就耐心地給我們一式式地演示動作在技擊中可能發生的變化，儘管後來師父說，其實拆招十分讓他費心思，對於功夫在身練了五十年太極拳的師父來說早已是法無定法，所謂十字手生萬形，真正到了用的時候每一招式都是千變萬化的。

初起時每次師父過來看我們打完拳後，還會教我們一些小功法作為輔助訓練方法，伸蹲功、潑水功，都是師父的師父早年間教給他的，他也都毫不保留地一一傳授給了我們，也會在階段性的練習中逐漸教我們如何以手指灌勁，講授意遠則勁長之理。

　　練拳休息間隙，師父還會親自試一試我們每個人有沒有產生內勁，那體驗也是有趣的，雖然我們個個都不堪一擊。師父每次過來再看完我們打拳都是以鼓勵為主，亦不要求我們練拳時身法與師父一樣，而是依個人的身型構造來具體問題具體分析，這也是和廣場健身架要求的動作必須整齊劃一的區別。

　　還說這樣練下去，參加比賽雖不成，但達到健身祛病、防身自衛的能力是完全可能的，聽得我們各個信心滿滿。隨時間的推移，以我們現在的進度來看，即使不間斷地日日練功，也僅能強身健體，防身自衛離我們卻還有著相當的距離呢。

　　練習過程之中當然也體驗著關節與肌肉之間的不鬆，氣不能順暢地流動，也必達不到四體百骸。我們的身體已經習慣於拉緊或鬆懈，在適應不斷的放鬆中，我們的動作依然是繃緊的。

　　從前覺得自己很整的身體，可一上拳架它們各部位就根本不聽大腦的支配，身體的每一處關節與連接部位都各行其是，猶如一群散兵游勇般難以整合起來，抽扯之形橫生，不是僵就是懈，一身的散架子。這一身的矛盾較勁唯有透過苦苦的練習熟練才能體會怎樣才是以心行氣，以氣運身，運而後動的整體勁，而順逆抽絲，內外三合也全是為習拳者在修煉時能夠體悟對拉的同時形成一種對周身的對稱牽制。與此同時，不中正則不鬆沉，因而也不可能安舒，這是身體的動態邏輯。

　　老子曾講道：「專氣致柔，能如嬰兒乎？」此言既有

對返老還童的追求，又有以拳證道的體悟，習拳做人同其理，萬法歸宗合為一。隨著年齡的增長，成年人的身體都會難以抗拒地出現漸進性的僵硬與拙力，因而進行鬆柔的修煉即是讓太極拳修習者實現老子所講的「復歸於嬰兒」的狀態，嬰兒的無憂無慮無欲入靜狀態成為習拳修煉的至高境界。

無論養生還是技擊都需努力去除全身多年以來不良生活與動作習慣養成的肌肉條件反射的僵硬勁與拙力，去僵存柔，再把身體上的勁力都不斷地調整和整合成師父所要求的整體力，首要以鬆字入手，所以說「鬆淨」是太極拳的靈魂。胡師父的師爺，楊式太極泰斗楊澄甫先輩就講道：「一個鬆字，最為難能，如果真能鬆淨，餘者未事耳。」其高徒鄭曼青先生也談道：一個鬆字他悟了整整五十年才悟通其中之理。

可說太極功法的修習是個需日日以意念灌注與以時間和汗水澆灌的過程，楊澄甫祖師在《太極拳使用法》中就說道：「腰如車軸，四肢如車輪，如腰不能作車軸，四肢不能動轉；自己要想車軸轉，可多澆油，腰軸油滿方好，用意細細體會自得之，勿須教也。」這講的就是練拳的最根本所在還是在於腰胯，「腰頂窮研生不已」也成為眾多前輩與練家畢其生求索整勁的關竅。

師父早就強調練拳不能一曝十寒，這就要求每一個習練者都必須帶有一顆謙卑與敬畏之心全身心接納與投入，做好長足修行，準備穩定前行。

練功最終是將身形與動作習慣矯正修習成一種習慣灌

入身體，是習慣上身。所謂氣感，是練就一種恒定沉靜的內力，每一動都是這種內力推動著身體在做功，而在將前輩的拳論經驗透過自己的體練驗證漸達和諧之後才可談中正安舒，這時將體會到行拳過程中的勁力均勻與連綿不斷，運行路徑形成了一個立體空間，周身似一個完整而充滿彈性的球體，沉實而滔滔不絕地滾動，這之後才能真切體會到太極懂勁之妙。

我們師兄妹也曾在跟從師父學拳兩個月後由栗老師帶領專程驅車到師父在邯鄲的府上，把我們練拳的程度打給師父過目。如果不是踏入師父的家門，我們不會想到在現實的世界當中還真存在著武林，之前那本是電影裡的一個離我們非常遙遠的傳奇，但是一踏入師父的門，呈現在眼前的場景是穿越式的，廳堂裡牆面幾乎沒有空的地方，書法用品、武術器械，比比皆是，地中間有一張像是大畫案的桌子，上面滿滿擺著武學書籍，鎮紙都是器械。茶台旁邊的角几上也都是習武用的器具。

相處日久，師父從一開始的不苟言笑漸漸被我們這幾個沒老沒少的徒弟所帶累感染，我們發現其實對待練功與生活，師父就像是兩個人，練功時的師父是那麼嚴格、嚴謹、嚴肅、一絲不苟，而在生活中的師父其實又是個好奇心重、趣味橫生的人，從一些細小的事情上體現著師父內心深處的柔軟，這一點和栗老師也十分相像。

每次師父從邯鄲過來，都要如常起很早練功，功罷喝茶休息時會好奇地觀察栗老師家養的雞鴨鵝狗。有天暮色降臨，師父指著窗外的杏樹說：「你看天黑了雞就上樹睡

覺了。」我一看可不是嗎，天色漸黑後幾隻雞都各自臥在挺高的樹枝上了，若不是師父說我還想當然以為它們都回窩了。待下一次再來，他竟然記得各有幾個，少了隻什麼樣的。他還發現栗老師院子裡的一大群麻雀因吃雞食而格外肥碩，說他們是栗老師家的家雀，都不用出去覓食了。

還有一次就是練完拳都在喝茶，忽見師父匆忙出屋，原來他早就發現院子裡有隻晚來的母鵝與另幾隻鵝不太和諧，並且總受一隻大公鵝的欺負，那天他終於目睹了大公鵝把母鵝逐進水池並踩住，師父發現後衝出去把大鵝趕開，將水中奄奄一息的母鵝救出，試圖讓它晾乾毛，期望情況能夠好轉起來，不想一進屋工夫公鵝依然不依不饒地踩在母鵝身上，終釀成「鵝間悲劇」，引得師父一陣唏噓歎息不已。

閒談時師父也會給我們講起往日故事，講起他早年曾策馬揚鞭在奔馳在鄂倫春草原；當年他救下來並將其養好傷處幾個月的一隻忠狗，在他離開時是如何咬斷掙脫鎖鏈沿途追趕送師父去火車站的汽車，不得已師父退票留下，那一整夜狗狗緊緊依偎在師父懷裡，對他是痛徹心扉地依依不捨。許多年過去，師父講到此時依然深深動情哽咽。夜宿蒙古人氈房，師父念起恩師楊振基留給他的楊氏老譜《三十二目》，由觀察蒙古包構架引起對「站樁」二字的存疑思考。

多年後的某天，師父囑小兒子胡鐸議問我蒙語的蒙古包怎樣發音，我當時特意問了我的蒙古族同事，同事說發音是「套恩」。後來得知師父聽到這個發音時舒了口氣，

說時至今日終於把他當年對於蒙古包結構的觀察思索和拳譜中的站樁取得了形象的聯繫。

多年專注於習武的師父面容冷峻，心無雜念，他不喜頭露面，是輕易不出山的。但去年拗不過兒子的敦促，受邀到雲南參加了一次頗具影響力的太極拳峰會，在高手雲集的擂臺上，一陌生習武青年上場挑戰，泰然自若的師父一出手很快就將其發出丈餘，當場技驚四座一鳴驚人。我先生曾這樣說：師父正是傳說中的世外高人。

師父是功德無量之人，在繁忙的練功生活裡，他都會百忙中定期把自己的練功生涯與體悟寫成文字提供給大家交流。近期又創辦了自己的微信公眾號「吾本太極」，亦將他跟從師父楊振基時留給他的珍貴的「楊氏老譜三十二目」與自己自幼習練各種功夫的習拳體悟寫成文字，用當下最方便快捷的媒體方式毫無保留地分享給了大家。師父就是這樣以自己的一己之力，毫無雜念赤誠敦厚的大德，帶著舊武林人的磊落精神深深感染著身邊更多的人，其言傳身教是一言難盡的。

對於當下的武學界亂象，師父一笑置之，坦言說太極拳本是捨己從人的拳，真正的精神力量唯有在捨我利他的狀況下方能釋放而出，差之毫釐謬以千里。有關市面上的所謂神話太極其實並不存在，這就是武林與江湖的區別，武林必須要靠實實在在的汗水方可獲得真功，來不得半點虛玄，而江湖則不然，傳說終究會成為笑談。從未聽師父貶斥過其他拳類，當問及楊式太極與其他拳路孰是孰非時，師父只說是體系不同，無關高下，這也體現了師父寬

厚為懷的胸襟。

　　我們都要感謝始終像個帶頭大哥般引領我們習練太極拳已久的師父栗老師，他把我們引薦給胡師父一家，因此才步入了修習太極拳的正軌。也要感謝一起習拳的拳友師兄楊晉南與師妹彭樂樂，有他們一路習拳喝茶切磋分享身體變化互察身形問題，使得整個習拳的日子充實又歡樂，還有胡師母的默默支持與不吝指教，胡師父的兩位公子，胡力夫與胡鐸議，家教的謹嚴加上他們的童子功在身讓他們兄弟看上去睿智善良虎虎有生氣。為使我們進步顯著些，兩兄弟與我們一起習拳從不厭煩，拍師父打拳的片子給我們示範，幫我們正架子，耐心給我們逐一講解技擊原理與攻防概念，對我們拳架病理點評總是一語中的，火眼金睛真的不一般。

　　於我而言，藝無止境，拳亦無止境，修習之路漫漫，師父習拳五十載尚且癡迷探求不息，並且還將畢生的練功體會傾囊授予我們，我等愚徒起步如此之晚，怎能不視此如珍饈唯求以勤補拙，當作人生之必修功課而日日修習呢。

　　丁酉年夏月，師父囑我作此習拳體會，隻言片語不成文字，可也算得真實心得有感而發，敬請師父師母笑納斧正。

內蒙古大學藝術學院副教授　**傅微薇**
寫於北京宋莊小堡

父親與功夫

邯鄲有兩個響堂山，我習慣叫南北響堂山，比較高比較險的是北響堂山，平常人爬上去總會氣喘吁吁。我第一次登北響堂山大約是三歲，也許更小，登山路上，我和大我兩歲的姐姐根本走不動，我印象中是父親一手一個提著我們倆，健步如飛一口氣登上了響堂山。怎麼提的我完全想不起來，只記得下山的路人停下叫好——大力士。這大概是我對父親「功夫」的最初記憶。

按我對功夫的理解，功夫一詞並不是武術的別稱，而是確指那些可以增強身體素質、鍛鍊技擊能力和治癒身體問題的方法，通常動作單一、簡單枯燥，讓人不敢相信。

我年幼時，幾乎沒有見父親練過套路，但各種稀奇古怪的「功夫」卻是他每晚的必修課；大棒、小棒、大杆、皮條、鐵磚、石鎖、站樁……

20世紀80年代的那些夜晚，父親在狹小房間裡揮汗如雨的樣子，我仍舊記憶猶新。我從沒見過像父親那麼愛練功夫的人，真是三更燈火五更雞，現在想想，他每天的運動量大得驚人。為什麼夜裡練呢？父親說是習慣，因為「文化大革命」時武術屬於「四舊」，師父不敢傳，徒弟不敢練，只敢在深夜關起門切磋研習，久而久之養成了深

夜練功的習慣。

我想除此之外，也有保守的成分，像他那一代武師，每個功夫的練法都來之不易。父親練過多少門功夫我不知道，但一個人有沒有功夫，是真功夫、假功夫，不用動手切磋，只看身形舉止，他便能估摸個八九不離十。

父親本門功夫是程派八卦掌和楊式太極拳，但他對各門派的功夫一直都保持著高度的熱情與敏感性。

我十四歲時父親終於狠下心來，讓我拜他的好友申宏謀先生學習形意拳和八極拳，同時拜趙海鑫老師學習散打、天罡拳，並在邯鄲市體校柔道隊師從馬國慶教練學習柔道。那兩年，自己在體育對抗中被打昏的經歷有兩次，累昏過一次，而父親根本不以為然，也沒有私下傳授我什麼獨門秘笈，他對我學的各種套路，基本沒有興趣。但常常問我師父教了什麼功夫，無論抻筋拔骨還是沖拳站樁，一一讓我練給他看。

我記得申師父傳我心意渾圓樁後，父親讓我把身法和心法詳細講給他聽，囑咐我：「要用心練，好好孝敬師父，師父傳真功了。」事後他擺酒請申師父感謝師父傳功，這當然是他們老兄弟的情誼，也不能不說是他們對彼此「功夫」的尊重。沒想到的是，兩年後，我徹底棄武從文，直到現在，父親還常常覺得惋惜，倒不是因為我未遂其志，而是覺得可惜了那些功夫。

在我印象中，父親練功大概分三個階段，20世紀80年代練的比較雜，內外兼有，那時資訊閉塞，體育類出版物非常少。《武林》雜誌出版後，每一期父親都邊看邊揣

摩。到了80年代中後期，全民氣功熱，各種所謂大師粉墨登場，呼風喚雨者有之，騰雲駕霧者亦不乏，我問父親是真是假，父親略有困惑，說：「這些氣功和我練的不一樣，也許有這樣的能人異士吧。」但這個困惑並未持續很久，記得有一次我拿著某氣功大師以一對數十人的報導給父親看，並問父親敢不敢和他打，因為在少年心裡，功夫是必須要分勝負的。

父親很是認真地看了會兒照片上的「大師」，說：「我覺得他不挌打，估計是吹出來的，沒有這麼神的武功，可惜我沒機會和他交手。」

我印象中父親特別愛和同道切磋比武，也愛打抱不平，實戰經驗可謂相當豐富，至今六十多歲了，未嘗敗績（**我未曾見過，也沒聽說過**）。因為這樣的性格，父親一生走南闖北，交了不少武林中的朋友，經歷了很多的奇遇。比如石家莊的馬虹先生，我父親出差時在公園打拳，與馬師成了一生的至交，還將我表兄夏建剛引薦給馬師學習陳式太極，成為嫡傳弟子。

看父親待朋友，只要稱呼帶師父二字，對方必是「武林」中人。那時家中來人很多，我印象中最深的是王長興、王尚禮兩位師父，他們都大父親十幾、二十餘歲，可都是父親的忘年交。尤其王長興師父，有一段時間幾乎每週都會到家裡來和父親飲酒暢聊，切磋功夫。至今我仍記得他騎一輛大二八自行車，一根大白蠟杆總是誇張地懸在前樑上，笑聲爽朗、憨厚，聽人說話時表情特別認真。現在想想這些長輩，心中仍然覺得很親切。

　　我曾一度認為「師父」是傳授父親武藝的人，後來才知道這是父親對自己敬重的武師的尊稱。父親和這些好友，有很特殊的感情，而父親的真正師父是八卦掌大師張子恒和太極拳大師楊振基。特別是楊振基師父，他們相逢於動盪的1967年，傳拳、學拳頗具傳奇色彩，卑不絮煩。

　　自我少兒時常聽父親談起楊師，那語氣、那表情頗有高山仰止之感。

　　到了20世紀90年代，父親對外家功夫已經完全不練，內功以站樁為主，無論嚴寒酷暑，夜夜面南背北，一站就是兩個小時；而2000年之後，父親練功改為早站晚禪，每天早晨4點多即開始站樁，晚上打坐到11點以後。退休後更是終日打坐，他在家中無論讀書還是看電視，完全雙盤趺坐。

　　2008年，我提出和父親學太極拳，也是因為工作久坐的時候多。父親在書桌上翻了翻，遞給我一本關於太極內功的小書，要我熟讀後，先站一年樁，然後開始盤架子。我打開書，父親在頁眉、頁腳和邊緣都寫滿了密密麻麻鉛筆字，第一頁的最上方寫著「佳作不厭百回讀」。雖然我至今仍然沒有練習太極拳，但我想父親要教我的一定是太極拳內功。

　　果不其然幾年後，父親拿出了這部《楊振基傳太極拳內功心法》的手稿，把它作為自己武學著述的第一本書準備出版。父親的拳友看過手稿後大為震驚，認為父親不該把太極拳的一些秘要之處輕易寫進書裡。父親說：「楊師口傳心授，我練了一輩子，不知從中受了多少益，師恩如

山，無以為報，我唯恐現代人不信、不練，所以知道多少寫多少，一分也不保留。」

　　回憶父親少年參軍，又從工廠的工人到體制內的幹部，進而到自營公司，人生經歷隨著命運際遇與時代潮汐的湧落，不可不說是波瀾壯闊、跌宕起伏。數易執業，幾經成敗，唯對功夫之求索、琢磨一如既往。人的一生總有一個夢，現在想想，父親的夢一定與功夫有關，至於商賈飄萍，也許只是青年時代迫於家境、人生不得已的選擇，而今晚年夢圓，當算是人生之幸事，恰逢父親小冊子成書之時書文記之，可喜可賀！

胡力夫

前　言
高山仰止　師恩難忘

　　我自幼體弱多病，出生不足百日得了猩紅熱，未滿周歲又患上了百日咳，常年求醫求藥仍長得像個豆芽菜。據母親講，兒時的我除了頭大，可以說是骨瘦如柴。為從根本上改變體質，喜歡傳統文化的父親，鼓勵我學習中國武術，用他的話講叫「以武強身」。有了這個想法，父親帶我去找他的好友——回族武術教練白建章大師。

　　白師於新中國成立初期就在體育場任武術教練。他練得一手好查拳，和父親是至交，對我的病況也很熟悉，他聽了父親的想法搖了搖頭，說像我這樣走路氣喘，連個馬步也紮不下的孩子，學查拳很難。白師提了個建議，他有個好友練的是內家拳八卦掌，可以試試。在白師舉薦下，父親帶我見到了八卦掌大師張子恒師父。張師是程派八卦掌創始人程廷華師祖的外甥，據他講，他主要受教於程師的弟弟程殿華。

　　沒想到的是，初次見面的張師不嫌我瘦弱，見到長得像個洋蔥頭的我，還很喜歡，馬上答應收下我。在張師的耐心指教下，我學會了站、坐、臥的呼吸方法。呼吸之餘，屈腿蹚泥走圓圈，轉換時加了幾個動作。

　　不足一年時間，我的體質有了較大的改觀，飯量、

力量也追上了同齡夥伴。兒時的我不知道什麼是八卦
掌，也不知道練的是武術，只知道是治病方法；長大後
才知道，老人傳授我的是程派八卦掌的導引吐納術和八
大掌。看似簡單的內練功夫，加上我一無所知的童心，
使我身體發生了很大變化。

　　可惜的是老人在邯鄲時間很短，我隨張師僅僅學習
了不足三年時間，他回了深縣。對高深的八卦掌功夫，
兒時的我雖然只學了點皮毛，卻為我今後的一生內功修
煉打下了良好基礎，我永遠感謝張師，懷念張師。

　　師父走了，父親不願讓我中斷習武。邯鄲是武術之
鄉，雖然武術門派眾多，可是真師難尋。自少年始，父
親先後讓我跟多個師父學習過幾種外家拳，隨著年齡的
增長和對武學的逐步瞭解，自己覺著拳架雖學的不少，
可都不是真功夫，不是真傳。有幸的是1971年，我遇
到了在邯鄲搞鐵路大修的田耀東師父，他教了我一套
終身受用的通臂拳。自從學了這套拳，在一起練拳的拳
友和師兄弟，原先功夫高出我，比我多練幾年大我幾歲
的，很多都不是我的對手了。我感謝田師，他讓我知道
了什麼是拳架、什麼是功夫。

　　現在老了，回想自己能步入功夫人生，受益最大、
最應該感謝的，是一度被自己誤解的楊式太極拳第四代
傳人楊振基大師。和楊師學太極拳的過程曲折最多，而
且全是我年輕無知鑄成的錯，這成了我終生的痛。

　　能認識楊師還得感謝老友裴煥然。20世紀60年代
初我還是個少年，不知什麼原因喜歡上了無線電，從組
裝礦石收音機，到組裝半導體收音機堪稱癡迷。那時的

國人皆沒錢，小孩子更窮，玩上無線電一天到晚是找零件、換零件。期間給我幫助最多、支持最大的當屬忘年交的老友裴煥然，我喊他老裴。

老裴原是供銷社棉麻公司一個科長。據他講自己是新中國成立前學生運動時參加的革命，新中國成立後在供銷社棉麻公司當了科長。1965年開展「四清運動」，他的外地同學出了問題，到邯鄲外調也給他帶來一個歷史問題——中學時代曾參加過「三青團」（「三青團」中國國民黨1938年至1947年下屬的青年組織），雖後來證明，他同時也參加了地下黨，然而在政治敏感的60年代，他仍被定為「歷史反革命」，調出了供銷社，到郊區一個集體制小工廠勞動改造。

1967年春天，「文化大革命」兩派群眾組織武鬥激烈，被管制的老裴反鬆了一口氣，沒人管他了，閒著沒事教我組裝收音機、半導體，這成了他的苦中樂。我也無所事事，除了喜歡讀書、習武，還喜歡上了無線電，老裴成了我的老師。

1967年春天，我印象中剛過完春節，老裴忽然對我說：「你練武我給你介紹一個師父吧，他是楊家後人，練的『楊家太師拳』很厲害。」老裴不習武，對楊家也一知半解，把「太極拳」叫成了「太師拳」，而我把楊家後人理解成了穆桂英的楊家將，也第一次聽到了一個名字「楊家太師拳」。就這樣誤打誤撞，在一個星期天的下午，我和老裴到當時的體育場西北角幾排瓦房內，見到了一代太極大師楊振基。

1993年，我看到由師父簽名、演述，嚴翰秀先生

整理出版的《楊澄甫式太極拳》。其中描寫「文化大革命」中的師父：「『文革』期間他把守機關大門，無人敢越雷池一步。」全篇章節寫的是師父在「文化大革命」中表現得很豪壯。可是讀完是心裡卻很不舒服，這正是我認識師父的時候，同時我也是那個時代邯鄲「武林」中人，這個寫法對師父、對那段歷史而言都不太真實。

從「文化大革命」開始，邯鄲武術界在「破四舊」口號中，首當其衝受到了毀滅性衝擊。60年代，邯鄲體育場武術教練有回族教練白建章、白建勳、金洪章等師父教查拳、華拳。王尚禮、王玉昆等師父教八卦掌、形意拳；王根林等幾個師父教少林拳、洪拳；管東盛師父教中國式摔跤。那時的邯鄲可稱武術之鄉，拳種繁多，習者甚眾。

「文化大革命」一開始，當時「文化革命委員會」出了一個檔，大意是「邯鄲有這麼一幫人習武術、練摔跤，稱師父，道徒弟，講行話，和外地同行組織勾搭，凌駕於黨的領導之外，是典型的封建社會留下的毒瘤，他們分三片三十六夥……」這個檔出臺後，我所知道的師父數日內均被抄了家，重的進了監獄，輕的進了「牛棚」，全被勞教管制。連我這樣的一批練武術、練摔跤的業餘練習者，也分別在各自單位被審查。

那些體委的職業教練短則半年，長則一年、兩年，先後均被調離體委教練位置，直接分配給企業監督勞動改造，政治上受歧視長達十餘年。

後來國家恢復武術訓練時，老一代教練、武術家有

的已作古，更多的放棄了武術鍛鍊丟了功夫。以邯鄲為例，當體委落實政策，想重新找回自己的老教練時，只從交運局調回了拉排子車的金洪章教練，當年多拳種的群英薈萃，已變成了枯枝敗葉隨風而散。

「文化大革命」中這些教練問題最大、最多的，當屬剛從省體工隊回來的太極拳教練楊振基師父。其家庭問題有：其父楊澄甫師祖所著《太極拳體用全書》，由蔣介石題過字；其兄楊守中給國民黨高官當過教官，1949年定居香港，算是有海外關係；楊澄甫師祖多名徒弟，如鄭曼青等受師祖所派給國民黨高官當教練，一直教到1949年，國民黨戰敗後鄭等跟隨到臺灣，這是家庭歷史問題。

本人現行問題更大，楊振基師父是華北局第一書記李雪峰親自點名，從邯鄲供銷社，直接調到河北省體工隊當教練的，而且到了體工隊後教的都是封、資、修人物，李雪峰書記運動初期即被抓入監獄，楊師算作爪牙。

這些事現在看著像笑話，可是任何一個經過「文化大革命」的人都會說：這麼多事換上普通人，在這樣的運動中，攤上一件都會要了命。不過師父熬過來了，最慶幸的是雖然看大門，他沒調出體育場；雖是編外人員，卻掛職體委，能這樣平安地熬過「文化大革命」，應該說是師父低調做人、低調做事的結果。

他把太極精神用到了生活裡，這是以柔克剛、道教的無為而治、三豐祖師的「以武得道論」在生活中的具體應用。

　　1967年，我初見楊師時，能看出領我去的老裴和楊師私交很好。據老裴說，在棉麻公司他是科長，師父就在他科裡工作，他對師父很照顧。見我們去師父急忙沖茶，談話中知道師父看大門，每天工作12小時，碰到開會、群眾遊行等活動，他常值班16小時甚至24小時。除此之外，他自備大掃把，打掃體委院，清理垃圾，給外人印象他自覺接收勞動改造。特別是他值班室有個大煤爐，配備了一個大鐵壺，全體委辦公室幾十號人，都喝他燒的水。

　　正是這些平凡的小事，體委所有的人評價師父「老楊是個老實人，人家就是個教拳的」。正是這麼個評價讓師父熬了十餘年，熬到他重新當教練。

　　筆者摯友馬虹先生，師承陳照奎大師習陳式太極。1989年，馬虹先生簽名送了我一本陳照奎大師講授、馬虹先生執筆整理的《陳式太極拳體用全書》。書結尾處有萬文德先生寫的「陳照奎老師小傳」，文中講述，「『四人幫』覆滅後，陳師帶兒子陳瑜來到闊別10年的上海。我到車站接他，幾乎認不出他來了。去時一位英俊的武師，10年的磨難、奔波、辛勞、受歧視和驚恐，回來時還不到50歲，頭髮已花白了。」對陳師這段讀來令人心酸的描述，可以算作「文化大革命」十年所有習武大師們共同的苦難。

　　1967年，在我見楊師的前後時間，各地來邯鄲找他外調、要他寫取證材料、群眾批鬥會等，使他整個人精神狀態疲憊不堪。生活上糧食定量每人每月25斤雜糧、三兩胡麻油。楊師家只有楊師每月工資不足50

元，師父、師母兩人每月可買50斤雜糧（玉米麵為主，白麵豆類少之又少），師奶還常住師父家且身體常年多病。師父雖有深厚的太極功夫，在精神和生活雙重壓力下，僅40歲出頭已有白髮。

當聽我說想學「楊家太師拳」，師父笑了：「哪有『太師拳』，是『太極拳』。」隨後他話頭一轉：「現在哪是學拳的時候，有時間多讀點毛主席的書，好好幹工作吧。」

雖然初次見面師父沒答應教拳，可是我知道了他是小說中曾描寫的「神丐楊無敵」的後人，心中認定他一定身懷絕世神功。於是自老裴第一次帶我上門以後，我成了楊師家常客，有時帶點禮物，也無非是有郊區菜農的徒弟給我送些蔬菜、雞蛋，然而楊師只按朋友客氣地接待我，絕口不提教拳。

事情的轉機是師奶突然病了，她得了痢疾，住進了當時的邯鄲市第三醫院。老人病來得很急，楊師是個孝子，母親的病使他憂心如焚、坐臥不安。醫生提出最好能找幾支「慶大黴素」。60年代的中國是個缺醫少藥的年代，現在不起眼的「慶大黴素」，當時大醫院都不常有。我印象中邯鄲市第三醫院沒藥，我陪師父先後找了邯鄲市商業局醫院和邯鄲市第二醫院，雖都找了關係，可都沒有「慶大黴素」。

師父很焦急，我忽然想起父輩一個老友，當時任邯鄲工辦主任李剛，其夫人王志蘭在地區醫藥批發部任科長。我找到王嬸，她很給面子，一下批了兩盒。現在「慶大黴素」滿天飛，不覺得它怎麼好，可是在60年

代算好藥。師奶用上「慶大黴素」也確實很有效，等師奶出院後，楊師很感謝我在師奶住院期間的跑前跑後、找醫送藥。我乘機提出想學拳，這次楊師沒有拒絕。

這是典型的室內太極，在楊師不足30平米的三間小房裡，周圍是桌椅床鋪，中間不大的空地上，一式兩式一退步，我初次學習了「八十五式太極拳」。學習開始我卻產生了一個疑問，就這樣慢吞吞又不用力的拳能打人？同時自己心裡有一個定義，「楊無敵」練的肯定不是這種拳，師父不是真教我，是在考驗我的耐性。就這樣，因場地有限、學習時間有限，師父值班時間不能教，我上班時間不能學，更重要的是兩個時間湊到一塊了，我心裡認為師父教的是假拳，並不用心學。

師父見我不肯學，也不勉強教。所以1967年和師父相識，到了1969年近兩年時間，我只學到第53式。慶幸的是這53式雖學得慢，但是師父要求得很嚴，我學得很紮實。

特別是內功方面，有八卦掌張師傳的內功，再練太極樁功進步很快，這使師父很滿意，認為我學得慢可練得好，是個「可教之才」，仍願意教我。

對師父和太極拳重新認識，還得感謝傳我通臂拳的田耀東師父，60年代末至70年代初，是我和楊師來往最多的時候，也是我對武術最癡迷的時候。因從心裡認定楊師教的不是真功夫，有時甚至懷疑楊師有沒有真功夫，這期間我便先後學習了形意拳和八卦掌。

而當時我認為，最有功夫並傳我真功夫的，是教我通臂拳的田師。田師所在的鐵路大修是全國流動單位，

據他講他出生在滄州的一個武術世家，除了他教我的這套通臂拳，我還親眼見他演練了我生平第一次見到的「醉八仙」。這是古城邯鄲從來沒人會練的拳種。田師武功高強又生性剛烈，且善中國跤術。在邯鄲期間他和多人比武搭手，也經常和人摔跤，卻從無敗績。

一個偶然的場合，我給田師演練了太極拳，並講了楊振基師父。田師很有興趣，他一定讓我帶他見一見楊師父。那一天特別巧合，我和田師到了體育場，楊師正在體育場南面的大溝裡練拳。那時的邯鄲體育場除了北面的一個主席臺、西北角幾排體委辦公兼宿舍的小瓦房，就剩下一個大廣場。體育場南面是莊稼地，莊稼地後面有一條東西向的大溝，大溝深丈餘，寬四五丈。春、夏、秋溝岸上長滿了蓖麻，周圍杳無人跡，這成了楊師很長一段時間的練功場。

見到是我，楊師只用眼神打了個招呼，仍舊慢吞吞地摸他的拳。田師認真地看著楊師打拳。好一會兒，楊師收了勢。我走過去介紹了田師，楊師客氣地握了握手，問田師練不練，田師客氣地推辭了。見楊師還想繼續練拳，我們告辭了。

出了大溝，我問田師：「你看他練得怎麼樣？」田師的回答出乎我意料。他那一口夾帶著天津口音的滄州話，使我至今難忘：「真他媽不愧『楊無敵』的後人，邯鄲還有這樣的功夫。」他的話使我很意外，就那樣慢吞吞的拳還有功夫？田師認真地給我講了太極拳，我也第一次聽到了湧、壯、飄這些詞，田師稱讚楊師打拳，像風中的蘆葦隨風而動。這就是太極拳飄的功夫，也是

太極拳特有的沾、黏、連、隨，這在「太極拳」功夫中是很高的境界。

　　以當時對武功的理解，田師的講解我似懂非懂，他講的和楊師的拳理，既相似又不一樣。最後他說自己，對「太極」只瞭解個皮毛，沒練過；並埋怨我有楊振基這樣的師父，還到處學拳，是缺心眼。這是我聽一個我最佩服的外地功夫高手，評價「太極」，評價我認為「沒有真功夫」的楊振基師父。

　　1973年10月，田耀東師父所在的鐵路大修隊完成了邯鄲的工程，他要隨隊走了。臨走前，師兄宋德生在家裡安排了一場家宴，並約請了我們幾個師兄弟，一塊兒請田師喝了場酒，以感謝田師在邯鄲期間對我們功夫的指教。田師在邯鄲期間除了傳授我通臂拳，也分別向其他師兄弟傳授了十八趟羅漢拳和棉粘拳，這都是古城邯鄲沒有的拳種。

　　酒桌上田師對每個師兄弟的功夫，都做了詳細的指導。對於我的功夫田師說，今後要靜下心和楊師練太極拳。他認為這是個機緣，能讓楊師教不容易，一定要珍惜。當時我正苦練通臂拳和中國跤，對田師的話，嘴上答應著，心裡卻半信半疑，楊師真的有功夫嗎？那個慢吞吞的拳能打人嗎？可是武功高強的田師，只看楊師練了半趟拳，就從素不相識變成了心服口服。

　　田師是個從不說假話、從不說軟話、也從來不認輸的人，這可能是我真的不懂了。但我很相信田師，這相信中更多的是敬佩，一直到今天我仍認為，田師是我人生習武路上難得的良師，他傳授我的通臂拳，我分別傳

給了兒子、女兒和侄子，並囑咐他們把此拳作為家傳功夫，代代相傳。

1973年，田師離開邯鄲去了湖南的株洲，最初通了兩封信，當時正是「一打三反」運動，人人自危，以後我們失去了聯繫。現在是網絡時代，如有人知道或提供田師消息，我感謝您。

田師走後，帶著這種半信半疑，我繼續和楊師學拳，還是那沒完沒了的正架子——陰陽、虛實、開合、對拉、轉腰、抽絲。

在枯燥的盤架子中，我忽然有了感覺。在拳架練習中，有時做某些動作如「雲手」「倒攆猴」「單鞭」和「摟膝拗步」時，忽然舉手投足、轉腰抽絲之間，自腳下「湧泉」至手上「勞宮」，有一股氣流，更確切地說像一股水流。隨著拳架的「正抽」「反抽」上下流動，此時的拳架不是手腳在動，而是體內一種力量的湧動。身體的平衡也不再是腰腿轉換，而是借腹內氣丘的晃動，以丹田的內氣來定位身體的平衡。

在這種力量的作用下，拳架高了，太極拳要求的拳架練習中圈圈相連、圈圈相套，不明顯了，甚至外形上看不到圈了。這種感覺最初自己掌握不住，只能說是時有時無，體內暗流忽隱忽現。

我把這種感覺告訴了楊師，楊師說：「這是剛入了太極門，以後繼續練，快要上路了。」囑咐我多練「預備式」。並告訴我「預備式」就是「無極式」。王宗岳先師《太極拳論》：「太極者，無極而生」就指的是此。同時指出，太極拳拳架和內功的結合到此階段，

僅憑我幼時習練八卦掌的「吐納」功夫已不夠用了。八卦掌打通任督二脈的「周天」功夫，和太極拳「氣宜直養而無害」的內功有相通之處。可是楊式太極拳拳架結合的內功是「鼓盪」，行拳走架前輩大師要求「氣宜鼓盪」。他告訴我練楊式太極拳，不練內功「鼓盪」永遠出不來「真勁」。

也正是從這時起，我的內功修煉在楊師指導下進入了太極門，以前對太極拳對楊師功夫的半信半疑，在拳架有了內功的感覺後，轉變成了對太極拳的興趣。接下來發生的事震撼了我，我相信了楊師的功夫。

1974年的早春特別冷。一天下午下了班，也就是五六點鐘，我去看楊師，他正要出門。那幾年每逢冬天楊師總裹著一件體委發的黃大衣，他見我來告訴我他要去「五零百貨」買洗衣粉。我沒事也就陪著楊師一塊去了。邯鄲的「五零百貨」就是後來的「邯山商場」。邯山商場在計劃經濟時代能算邯鄲最大的商場，離體育場也就不足一公里路程。回來路過沙門巷時，我忽然想起和我一塊兒練摔跤的師兄──李玉祥就在沙門巷街口住。

沙門巷是條南北不長的小街，卻是邯鄲回族集聚地。一條小街千餘戶，百分之九十是穆斯林。師兄李玉祥小名「麥聚」，是當年邯鄲摔跤隊有名的回族摔跤手。他身高體壯，摔跤功夫純淨，用起腳絆堪稱快、冷、脆。他是摔跤運動員卻善舉重，能抓舉200餘斤槓鈴，時間長了人送他外號「小霸王」。當然不是他稱霸，而是形容他有西楚霸王舉鼎之力。這天走到他家門

口我告訴楊師：「這是麥聚家。」楊師說：「走，看看小麥聚，他說要給我幾條金魚，還沒給呢。」

楊師管師兄叫小麥聚。我和楊師拐進了麥聚家，麥聚恰巧在家。摔跤隊解散後他在外貿車隊開車。他雖身高體壯叱吒跤場，為人卻敦厚、忠誠，辦事做事很細心，業餘時間愛養金魚，並且養魚技術很好。他的種魚年年甩籽孵化小魚，因此不大的小房間到處是魚盆。

見到我和楊師他十分高興，急忙沖茶倒水。閒話過後，楊師說：「小麥聚，你不是說給我幾條小魚嗎？魚盆我準備好了。」

麥聚帶楊師看魚，讓楊師挑選品種後他找了個罐頭瓶，給楊師裝了四條小魚。我們要走時，我看到麥聚院子裡擺放著練摔跤基本功用的石擔、石鎖和石秤。石擔是中間一根杆兩邊是石片，比槓鈴輕，摔跤用它鍛鍊推力。石秤是半個石擔，鍛鍊難度比石擔大，用它可以鍛鍊臂的擰力和腿的鑽、拗力，也可以鍛鍊部分腳絆，比如勾、別、踢、拗等。

麥聚外號「小霸王」，力量大，他使用的器械特別大。我指著石秤對楊師說：「你看麥聚的石秤，一般人誰能使得動？」楊師笑了笑，他把手裡的魚瓶遞給我，走上前去伸右手扶住了石秤的把，我和麥聚均未想到的一幕出現了，沒看到楊師裹在大衣裡的腿怎麼動，只見石秤一下飛了上去，楊師手抓秤把，秤的石墩飛上了丈餘，落地後通的一聲震得地皮都動。我驚呆了，「小霸王」也驚呆了，楊師若無其事拍了拍手說：「走吧！」說著接過了魚瓶。

以後數年，我和麥聚只要見了面，不由自主地就會談起此事。我曾私下問楊師那天用的什麼功夫？楊師說：

「我教你怎麼練拳，我也是怎麼練拳，那是練拳練出的整勁。」

我曾認真學過、練過中國跤，師兄麥聚能稱得上那個時代邯鄲甚至河北省都少有對手的跤王。可是我們兩人都想不出，練太極拳的楊師父怎麼會有石秤功夫，這個困惑讓我想了一生。

不久前的一天，我和當年摔跤隊的師兄賀樹修一塊兒吃飯，他是邯鄲市摔跤協會主席，也是回族，和麥聚不但是師兄弟還是親戚，因在家兄弟排行第三，我習慣叫他三哥。三哥年長我幾歲，我們相識於1958年，能算得上是「發小」。他年輕時摔跤以巧取勝，又練的一手好查拳，至今已70餘歲，仍活躍在跤壇。他培養的徒弟在歷年國家大賽中多有金牌得主，應該說對拳理、跤理都做過專業研究。

喝酒之餘，我們談起了青少年時邯鄲的「武林」軼事。我又講了楊師的石秤功夫，三哥低頭沉思了一會兒說：中國跤的跤技是武術的精華，中國跤的單人練小功夫是武術的技擊精粹，武術的功夫練到極點，功夫應該是相通的，一通百通。楊師父太極功夫練到家了，玩起石秤不奇怪。三哥的話應該是對楊師石秤功夫最好的解釋了。

邯鄲是武術之鄉，更是太極拳之鄉，太極拳五大支派，其中兩支楊式、武式，均起源於邯鄲。「文化大革

命」過後，各派傳承都紛紛辦太極拳培訓班，應該說太極拳的群眾普及活動在邯鄲是比較活躍的。這期間楊師幾乎每年都辦三到四期免費培訓班。

楊師辦班對學員要求很嚴格，動作規範，外形整齊，基本要求和師祖楊澄甫所傳老六路掛圖完全一致（老六路又稱七十八式、八十五式、八十八式、九十四式，因分解動作名稱叫法不同，拳架大致相同），這引起了一些非議，認為楊師改來改去只是教架子不教真功夫。

那時候在體育場，楊師辦班的不遠處，有些人也練楊式太極拳，其拳架部分動作，明顯有異於楊師所教拳架。他們練拳架、練器械，同時更多的時間是練推手，其中也有我的幾個好朋友，如王長興、劉琦、任富林、周文琪等。我和楊師練拳之餘，經常和他們練習推手，楊師對此並不極力反對。

楊師不教推手，也沒見他練過推手。有一次在楊師家裡我談起了推手，楊師站起來和我試手，剛搭上手我感到全身失控，無處發力，楊師搭過來的兩隻手是一面牆、是一座山，和我平時與別人在一起練推手的感覺完全不一樣。楊師說：「不注意內功的修煉，只在推手技巧上找化勁，化來化去難免練成『滑拳』，真碰到高手全身是空，只能挨打。」

並說：「太極拳是內家拳，內家拳講的是功夫，借力打力當然對，可太極拳不僅僅是借力打力。」

他讓我好好讀楊澄甫師祖的「太極拳練習談」「太極拳術十要」「太極拳要點」，特別是師祖的「論太極

推手」，並強調只有做到這些，才是學會了太極拳。

　　1972年的10月份，楊師讓我代他到火車站接一親屬，來人叫楊師舅舅，也是太極高手，據說主要練習太極推手，在南方某大城市沒有對手。把他接到家，楊師已備好了酒菜。談話之餘，客人提出讓楊師指點一下推手功夫。

　　從來不練推手的楊師站了起來，兩人一搭手對方站也站不穩，楊師略一發力，對方連喊認輸，兩人功夫根本不在一個層次上。現在兩個前輩均已作古，都是成名大師，我不想寫出對方名字，可是當時我確實在場，親睹了這次搭手。

　　從那時候起，我不再和拳友們練推手，而是認真地練習師父傳授的樁功、內功和拳架。這樣的練習堅持了很長一段時間，偶爾和拳友搭手，原來經常在一起推手找勁的好友，他們說我手太重，不是找勁了，是「亮劍」。可是我自己並沒有特殊的感覺，帶著困惑我去詢問師父，師父和我搭手摸勁，他說：「說你手重的人是不會推手，嚴格說是不懂什麼是太極推手。你以後不要和他們亂推手，以免『以功欺法』傷了和氣。」

　　也正是從那時起，楊師給我講了內功和拳架的結合練法，並說根據我性格和拳架的特點，我應將自己的拳架，結合健侯師祖的「大小太極解」。

　　「大小太極解」是師祖楊健侯傳下來的內練功法，在楊家內功傳承上佔有一定地位，可排了楊家家傳古譜《三十二目》之外。儘管如此，自從學習了「大小太極解」，我的太極拳修煉有了質的變化。拳架練習和師

兄弟們有了明顯差別，拳架高了、小了，過去的勢勢相連為了內氣的貫通多出了許多定勢。師兄弟們都說我練出毛病了，楊師卻說練得很好，不用隨群練了，應單獨出去「做窩」，並說堅持幾年肯定能學會太極拳。正在這時，張子恒師父回邯鄲探親來了，這給我拳架最後定型提供了機緣。

我去看張師，並向張師講了這幾年和楊師練太極拳的經歷，也請張師看了拳架，爺倆還推了手。張師提出想見一下楊師，經楊師同意，我把張師帶到了楊師家，這可惜了當時的生活條件、經濟條件，沒有照相機，沒能留下一張照片。兩個大師，一個是楊式太極拳第四代傳人，一個是八卦掌第四代傳人，年齡上張師大楊師幾歲，作為內家拳修煉，兩個大師均稱得上爐火純青。

楊師平時不愛說話，而那天談話特別多，並堅持留張師吃了午飯。飯後張師提出八卦掌也傳承著一套太極拳，讓楊師幫著看看。張師練的太極拳拳架既高又小，拳勢轉換多有定式，特別是定式處嵌勁明顯，在我眼裡此拳架有很多像楊式太極，又不能說是楊式太極。

可是楊師卻說：「這是楊家的拳，是澄甫師祖大架之外的拳。並說：張師的拳架十指領勁，全身骨肉分離，是用骨架在打拳。這種練法純是用的內氣，楊式太極有多種練法、多種拳架，這也是楊式的一種練法。這樣的理論，我以前從未聽師父講過。」

從兩個大師的談話中，我第一次聽到了武林界一段塵封的歷史。清咸豐年間（西元1851—1861），楊式太極祖師楊露禪、八卦掌祖師董海川、形意大師郭雲深，

曾在京城結義，研討三拳內功心法。而後又有楊班侯、楊健侯、程廷華等大師的小結義。而張師所練太極拳即是那次結義後，程廷華師祖讓兒子程有信拜楊健侯師祖為師所學太極拳。此太極拳在八卦掌內部多有流傳；並說形意拳內部也有太極拳的修煉功夫，這均是那次結義之緣。

2014年7月25日，我以網名「吾本太極」在博客上發表了題為《三拳合一話長壽》的博文，其內容即是兩個恩師談話的歷史話題。

和張師見面幾天後，楊師讓我多向張師瞭解拳架中的「嵌勁」，並認真向我講了「嵌勁」和「抽絲勁」之間的結合，這使我的功夫，不但在推手中而且在健身、養生方面也有了更大的突破。自此以後，我的拳架意念上改為十指領勁，內力上放棄肌肉筋絡改為「以骨行拳」，楊師稱此為「骨肉分離」。

這和師兄弟們差異更大，師兄弟都說我改了拳，可楊師卻說：「他們不懂，這也是楊式太極拳，只是練習方法不同。」並說：「練太極的過程本來就是死練拳、練死拳，最後融會貫通，達到練自己的拳。」1993年，由楊師演述、嚴翰秀先生整理出版了《楊澄甫式太極拳》一書，在書中我見到了同樣的話。

現在古城邯鄲，由楊師辦班所傳學員很多，學員中有很多人知道我是楊師弟子，可是看完我的拳架後，有的說我改了拳，還有的乾脆說我的拳架是自己創的，我自己卻知道我沒有創拳、改拳的本事。

我感覺：老祖宗傳承下來的功夫我剛入門，師父的

功夫，我也僅僅學了十之二三，哪敢改拳創拳，我只是練得更規矩些罷了。

在邯鄲太極拳練習圈裡，有些人認為楊師性格怪、架子大、保守，這實際是個大誤解。我認為楊師不愛說話，也不善言談，可心腸很熱。改革開放後我因工作上原因，很少有時間去師父家。1978年秋天，我帶了些小禮品去看師父，大概是上午九點多鐘，師父剛教完拳，見了我很高興。我知道師父有打完拳散步的習慣，就主動提出陪師父出去走走。

邯鄲體育場離文化宮很近，爺倆不覺走到了文化宮小廣場，我的拳友也是很好的朋友楊少英正在廣場教拳。楊少英在邯鄲日報社工作，兼職文化宮太極拳教練，雖不是師父弟子，練的也是楊式太極，平時對師父很尊重，偶爾也向師父請教過拳理。

我們走到時，他正向徒弟們講解「白鶴亮翅」的使用方法。楊師站著聽了一會，忽然說：「楊少英，你講的是『白鶴亮翅』嗎？」楊少英愣住了，廣場上幾十名徒弟也呆住了，楊師不再說話。

回到體育場，師父叫住我說：「咱今天是不是錯了，對著那麼多人叫少英下不了臺，可是他講的確實不對，這誤人呀。『太極拳』架子可以隨便教，可拳理、勁點不懂不要亂教。」隨後師父給我講了「白鶴亮翅」的幾個勁點。一個簡單的「白鶴亮翅」竟這麼多奧妙，如師父不教，我研究一生恐怕也難解一二。隨後師父讓我抽時間向少英解釋一下，代他向少英道個歉，並囑咐我一定把「白鶴亮翅」講給少英。

第二天我找到少英轉達了師父的意思，並認真向少英講了「白鶴亮翅」的勁點。少英聽後感慨地說：「太極拳太深奧了，咱只知道比著葫蘆畫瓢練個空架子，難怪楊師父著急。」

幾天以後，我的好友太極拳師王長興、劉琦找到我，他們是聽少英講後，專門來聽我講一講「白鶴亮翅」。聽我講了幾個勁點後，他們也認為楊式太極東西太多，不得真傳究其一生也研究不透。

時間進入20世紀80年代，結束了「文化大革命」的中國，進入了經濟發展的「大潮」。每個人都在這個大潮中重新尋找著自己的位置。隨著年齡的增長，我步入了政壇商海，事務的繁忙，生活節奏的緊張，特別是工作一度調往省城石家莊，這些變化，使我和故鄉邯鄲自幼一塊兒長大的夥伴、拳友、師兄弟來往少了，連師父家也只能是逢年過節去看看。

不變的是師父傳授的太極功夫，工作之餘作為修身養性的必備之課，每日早起晚上堅持練習，這成了我經年不變的嗜好。受我練拳影響，妻子和上學的女兒1979年和1980年先後去找師父學練太極拳，這也成了我和師父資訊上的溝通管道。

1983年，我因工作原因，未能回邯鄲過春節，過了正月十五，我去給師父拜晚年。細算師父年齡已過花甲，可以恢復了教拳，政治上不再受歧視，飽受「文化大革命」摧殘、看慣人間冷暖善惡的師父，更顯得氣定神閑。比起當年我初識師父，歲月似乎沒在他身上留下痕跡。現在的他面色紅潤、步履輕健，見到我談興很

濃，當問及練拳，聽到我答每日都練時，他笑了，這摻不了假，要和我搭搭手。從單推手、雙推手、定步推手、活步推手到大捋，師父越推興趣越濃。

如果說當年和師父試手，我常感覺到師父的手像一面牆、一座山壓得喘不過氣來，現在感覺師父勁路變了，我覺著面前是無底深淵，是時空隧道，自己被牢牢吸住，套住了，欲退不能，欲進不能，這使我想起了太極拳譜所講的敷、蓋、對、吞。面對這樣的功夫，我只能使出渾身解數拼命掙扎而已。

一直等又來了客人，師父才收了手，沒等我說話，師父笑著對師母說：「你看練不練內功、站不站樁就是不一樣，他現在經商，拳練得少了，但從小內功練得好，樁站得紮實，你搭搭他的手，鬆沉勁很好。」接著又對我說：「你也注意點，和別人搭手你的直勁、透力千萬不要用，會傷人。」我只想說：師父啊，在你跟前我哪兒還有透力、直勁，我沒坐在地上是您老給我留面子了。旁邊的師母說話了：「你師父就是偏心，和別人從不搭手餵勁，老徒弟來了，他一定給點東西，看著是推手，實際上是在教你，讓你掌握好勁點。」

新來的人也是學拳的弟子，他們也說讓師父今後教教內功、教教站樁。

我也趁機提出了我一個多年想問的問題：「師父，咱楊式太極內功這麼好，您為什麼只教拳架不教內功，讓外面人都認為咱沒有內功、不會內功呢？」

師父低頭沉默了一會兒說：「時代變了，人們對太極的認識有一個誤區，認為太極拳是個鍛鍊身體的拳，

學太極拳的人多是老人、病人，身強力壯的年輕人想搞技擊、練散打，用太極拳的不多。再說要練出太極功夫，也很不容易，老話說太極十年不出門。現代人生活節奏緊張，沒那麼多時間。至於內功，有人認為是迷信，更不好說清，我現在把架子改來改去，目的只有一個，能適應大眾鍛鍊身體，使拳架更普及，這也是造福社會，是老一輩的遺願。不過有機會也想找些條件好的年輕人，從椿功、內功開始練，可徒弟也不好找啊。」這是師父對太極拳的真實心願。

1993年師父透過妻子轉送我一本由師父演述、嚴翰秀先生整理的《楊澄甫式太極拳》，在書中，我見到了內容大約相同的話，話的結尾處用了「對於以『太極拳』為生計的人，對於要把太極拳術運用於對抗的人，是振聾發聵的箴言。」對此我想說，這才是楊式太極的後人，這才是我的恩師楊振基大師。

我想不起是哪個先賢有一句話：「人生在世，不如意之事十之八九」。1983年正月，和恩師搭手談拳後，我們爺倆有個約定，等我工作閑下來和師父重新好好學學拳。可是我們倆人誰也沒想到，這是我們在一起最後一次談拳。

1985年我離開了邯鄲，政壇商海的風口浪尖，命運的順逆沉浮，我常常是數年回來一次，雖有幾次去看師父，卻沒機會再談拳。2007年，師父逝世，我尚在山東，師父逝世半年後我才得到消息。

2008年冬天，我和妻子帶著幾個徒弟來到師父墓前，幾沓黃紙一縷青煙，我萬分悲痛。細細算起來，自

少年始本是學拳的大好時光，我以自己對武學的懵懂理解，認為師父教的是假拳，不認真學。青年時代涉獵旁雜，習多種功夫，沒認真練太極。等明白過來，生活所迫、事業所累，更談不上下工夫了。現在師父走了，一切不可追回……留下來的是心中永久的痛。

別了師父！弟子永遠懷念您……

胡貫濤

第 一 章

前輩大師
經典論述

大小太極解

楊健侯

天地為一大太極，人身為一小太極。人身為太極之體，不可不練太極之拳。本有之靈而重修之，良有以也。人身如機器，久不磨而生鏽，生鏽而氣血滯，多生流弊。故人欲鍛鍊身體者，必先練太極最相宜。

太極練法，以心行氣，不用拙力，純任自然。筋骨鮮折曲之苦，皮膚無磋磨之勞，不用力何能有力？

蓋太極練功，沉肩墜肘，氣沉丹田。氣能入丹田，丹田為氣總機關，由此分運四體百骸，以氣周流全身，意到氣至。練到此地位，其力不可限量矣！此不用拙力，純以神行，功效著矣！先師云：「極柔軟，然後極堅剛，蓋此意也！」

太極拳之練習談

楊澄甫口述　張鴻逵筆錄

中國之拳術，雖派別繁多，要知皆寓有哲理之技術。歷來古人窮畢生之精力，而不能盡其玄妙者，比比皆是。學者若費一日之功力，即得有一日之成效，日積月累，水到渠成。

太極拳，乃柔中寓剛，綿裡藏針之藝術，於技術上、生理上、力學上，有相當之哲理存焉。故研究此道者，須經過一定之程式與相當之時日。雖然良師之指導、好友之

切磋，固不可少，而最緊要者，是在逐日自身之鍛鍊。否則談論終日，思慕經年，一朝交手，空洞無物，依然是門外漢者，未有逐日功夫。古人所謂，「終思無益，不如學也」。若能晨昏無間，寒暑不易，一經動念，即舉摹練，無論老幼男女，及其成功則一也。

　　近來研究太極拳者，由北而南，同志日增，不禁為武術前途而喜。然同志中，專心苦練，誠心向學，將來不可限量者，固不乏人，但普通不免入於兩途，一則天才既具，年力又強，舉一反三，穎悟出群，惜乎稍有小成，便是滿足，遽邇中輟，未能大受；其次急求速效，忽略而成，未經一載，拳、劍、刀、槍皆已學全，雖能依樣葫蘆，而實際未得此中三昧，一經考究其方向動作，上下內外，皆未合度，如欲改正，則式式皆須修改，且朝經改正，而夕已忘卻。

　　故常聞人曰：「習拳容易改拳難。」此語之來，皆由速成而致此。如此輩者，以誤傳誤，必致自誤誤人，最為技術前途憂者也。

　　太極拳開始，先練拳架。所謂拳架者，即照拳譜上各式名稱，一式一式由師指教，學者悉心靜氣，默記揣摩，而照行之，謂之練架子。

　　此時學者應注意內外上下：屬於內者，即所謂用意不用力，下則氣沉丹田，上則虛靈頂勁；屬於外者，周身輕靈，節節貫串，由腳而腿而腰，沉肩曲肘等是也。

　　初學之時，先此數句，朝夕揣摩，而體會之，一式一手，總需仔細推求，舉動練習，務求正確。習練既純，再

求二式，於是逐漸而至於習完。如是則毋事改正，日久亦不致更變要領也。

習練運行時，周身骨節，均須鬆開自然。其一，口腹不可閉氣；其二，四肢腰腿不可起強勁。

此二句，學內家拳者，類能道之，但一舉動，一轉身，或踢腿擺腰，其氣喘矣，其身搖矣，其病皆由閉氣與起強勁也。

一、摹練時頭部不可偏側與俯仰，所謂要「頭頂懸」，若有物頂於頭上之意，切忌硬直，所謂「懸」字意義也。目光雖然向前平視，有時當隨身法而轉移，其視線雖屬空虛，亦為變化中一緊要之動作，而補身法手法之不足也。其口似開非開，似閉非閉，口呼鼻吸，任其自然。如舌下生津，當隨時咽入，勿吐棄之。

二、身軀宜中正而不倚，脊樑與尾閭，宜垂直而不偏；但遇開合變化時，有含胸拔背、沉肩轉腰之活動，初學時節須注意，否則日久難改，必流於板滯，功夫雖深，難以得益致用矣。

三、兩臂骨節均須鬆開，肩應下垂，肘應下曲，掌宜微伸，手尖微曲，以意運臂，以氣貫指，日積月累，內勁通靈，其玄妙自生矣。

四、兩腿宜分虛實，起落猶似貓行。體重移於左者，則左實，而右腳謂之虛；移於右者，則右實，而左腳謂之虛。所謂虛者，非空，其勢仍未斷，而留有伸縮變化之餘意存焉。所謂實者，確實而已，非用勁過分、用力過猛之謂。故腿曲至垂直為準，逾此謂之過勁。身軀前撲，即失

中正姿勢。

五、腳掌應分踢腿（譜上左右分腳或寫左右起腳）與蹬腳二式。踢腿時注意腳尖，蹬腿時則注意全掌，意到而氣到，氣到而勁自到，但腿節均須鬆開平穩出之，此時最易起強勁，身軀波折而不穩，發腿亦無力矣。

太極拳之程式，先練拳架（屬於徒手），如太極拳、太極長拳；其次單手推挽、原地推手、活步推手、大捋、散手；再次則器械，如太極劍、太極刀、太極槍（十三槍）等是也。

練習時間，每日起床後兩遍，若晨起無暇，則睡前兩遍。一日之中，應練七八次，至少晨昏各一遍。但醉後、飽食後，皆宜避忌。

練習地點，以庭園與廳堂，能通空氣，多光線者為相宜。忌直射之烈風與有陰濕黴氣之場所，因身體一經運動，呼吸定然深長，故烈風與黴氣，如深入腹中，有害於肺臟，易致疾病也。

練習之服裝，宜寬大之中服短裝與闊頭之布鞋為相宜。習練經時，如遇出汗，切忌脫衣裸體，或行冷水揩抹，否則未有不罹疾病也。

太極拳術十要

楊澄甫口述　陳微明筆錄

一、虛靈頂勁

頂勁者，頭容正直，神貫於頂也。不可用力，用力則項強，氣血不能流通，須有虛靈自然之意。非有虛靈頂勁，則精神不能提起也。

二、含胸拔背

含胸者，胸略內涵，使氣沉於丹田也。胸忌挺出，挺出則氣擁胸際，上重下輕，腳跟易於浮起。

拔背者，氣貼於背也，能含胸則自能拔背，能拔背則能力由脊發，所向無敵也。

三、鬆　腰

腰為一身之主宰，能鬆腰，然後兩足有力，下盤穩固。虛實變化皆由腰轉動。故曰：「命意源頭在腰隙。」有不得力，必於腰腿求之也。

四、分虛實

太極拳術以分虛實為第一義，如全身皆坐在右腿，則右腿為實，左腿為虛；全身皆坐在左腿，則左腿為實，右腿為虛。虛實能分，而後轉動輕靈，毫不費力；如不能分，則邁步重滯，自立不穩，而易為人所牽動。

五、沉肩墜肘

沉肩者，肩鬆開下垂也。若不能鬆垂，兩肩端起，則氣亦隨之而上，全身皆不得力矣。

墜肘者，肘往下鬆垂之意，肘若懸起，則肩不能沉，放人不遠，近於外家之斷勁矣。

六、用意不用力

《太極拳》論云：此全是用意不用力。練太極拳，全身鬆開，不使有分毫之拙勁，以留滯於筋骨血脈之間，以自縛束，然後能輕靈變化，圓轉自如。或疑不用力何以能長力？蓋人身之有經絡，如地之有溝洫①，溝洫不塞而水行，經絡不閉則氣通。如渾身僵勁充滿經絡，氣血停滯，轉動不靈，牽一髮而全身動矣。

若不用力而用意，意之所至，氣即至焉，如是氣血流注，日日貫輸，周流全身，無時停滯，久久練習，則得真正內勁。即《太極拳論》中所云「極柔軟，然後能極堅剛」也。

太極拳功夫純熟之人，臂膊如綿裹鐵，分量極沉；練外家拳者，用力則顯有力；不用力時，則甚輕浮，可見其力乃外勁浮面之勁也。外家之力，最易引動，不足尚也。

七、上下相隨

上下相隨者，即《太極拳論》中所云「其根在腳，發

────────────
①溝洫：田間的水道，溝渠。洫，音ㄒㄩˋ。

於腿，主宰於腰，形於手指，由腳而腿而腰，總須完整一氣」也。手動、腰動、足動，眼神亦隨之動，如是方可謂之上下相隨。有一不動，即散亂也。

八、內外相合

太極拳所練在神，故云：「神為主帥，身為驅使。」精神能提得起，自然舉動輕靈。

架子不外虛實開合，所謂開者，不但手足開，心意亦與之俱開；所謂合者，不但手足合，心意亦與之俱合。能內外合為一氣，則渾然無間矣。

九、相連不斷

外家拳術，其勁乃後天之拙勁，故有起有止，有續有斷，舊力已盡，新力未生，此時最易為人所乘。太極拳用意不用力，自始至終，綿綿不斷，週而復始，循環無窮。拳論所謂「如長江大河，滔滔不絕」，又曰「運勁如抽絲」，皆言其貫串一氣也。

十、動中求靜

外家拳術，以跳擲為能，用盡氣力，故練習之後，無不喘氣者。

太極拳以靜禦動，雖動猶靜，故練架子愈慢愈好。慢則呼吸深長，氣沉丹田，自無血脈賁張之弊。學者細心體會，庶可得其意焉。

太極拳要點

楊澄甫

身法

提起精神，虛靈頂勁，含胸拔背，鬆肩墜肘，氣沉丹田，手與肩平，胯與膝平，尻道上提，尾閭中正，內外相合。

練法

不強用力，以心行氣，步如貓行，上下相隨，呼吸自然，一線串成，變換在腰，氣行四肢，分清虛實，圓轉如意。

論太極推手

楊澄甫口述　陳微明筆錄

世間練太極者，亦不在少數。宜知分別純雜，以其味不同也。純粹太極，其臂如綿裹鐵，柔軟沉重。推手之時，可以分辨。其拿人之時，手極輕而人不能過。其放人之時，如脫彈丸，迅速乾脆，毫不費力。被跌出者，但覺一動，並不覺痛，已跌出丈餘矣。其黏人之時，並不抓擒，輕輕黏住，即如膠而不能脫，使人雙臂酸麻不可耐。此乃真太極也。

若用力按人推人，雖亦可以制人，將人打出。然自己

終未免吃力，受者亦覺得甚痛，雖打出亦不能乾脆。反之，吾欲以力擒制太極能手，則如捕風捉影，處處落空，又如水上踩葫蘆，終不得力。此乃真太極意也。

第 二 章

太極拳
古今史話

從清朝末年楊露禪進京，太極拳初興到今天的一百多年時間裡，太極拳已經從一個名不見經傳的北方小拳種，成為全世界習練者最多的拳種，稱其為傳統武術進化中的佼佼者，絕不為過。

但初習太極者，對練習側重、練習目的含糊，這是筆者在這裡淺議太極拳史話的原因——欲透過太極拳的歷史沿革，引發對現有一些太極拳不當練法的反思，是所謂澄本清源。因本書主講楊式太極拳靜功，所以如何認識楊式太極拳之源流，怎樣看待靜功、內功，對廣大楊式太極拳習練者，是極為重要的。認識太極拳的基本歷史，也就認識了它的基本原理。

太極拳是何人所創，起源何時？現在很難有一個具有歷史學意義的認定。因中國傳統文化有尊古為大的習慣，所以「托古以自重」是中國古代進行創新時慣用之方法，不僅武術如此，其他行業亦有同樣做法——將自己的創造說成古人傳承，以獲得重視。

這種習慣，極大地加深了後人探索源頭的難度。加之清朝末年，民間反清力量以武術為名聚集組織人氣，各立門戶，到民國時代，武術派別如雨後春筍，期間創造的各種傳說、神話使本就神秘的武術史更加撲朔迷離。

所以，在今天尋找太極拳具有嚴格學術意義的源頭，是十分困難的，但並不妨礙我們，透過前輩的書論，推斷出它的歷史大輪廓，這對我們認識太極拳有積極的作用。

太極拳係何人所創？現在最流行的兩種說法，陳式太極拳大多認為創自河南溫縣陳家溝九世祖陳王廷。筆者所

練為楊式太極拳，據師門口傳和歷代楊式太極大師著述論證，它源於道家，集大成者為宋朝末年武當山丹士張三豐。

這兩種說法，因影響到太極拳發源地在哪裡的認定，所以爭議極大。

筆者認為，對廣大太極拳練習者來說，發源地在哪裡並不重要，重要的是認識自己練拳的理論系統。

筆者1967年始隨恩師楊振基師父習拳，當時書面資料甚少，有幸從恩師處得到1921年版許靇厚先生著《太極拳勢圖解》一書，因是筆者初次接觸的理論書籍，故影響至深。時至今日，此書仍是筆者所藏圖書中，楊式太極拳最早成書之版本。

許靇厚先生是師祖楊健侯大師的入室弟子。健侯大師仙逝於1917年，和靇厚先生1921年出書時間僅間隔4年，能設想健侯師祖當見過或聽過靇厚先生書稿大綱。況且該書出版時楊澄甫師祖正值盛年，而許靇厚先生也曾師承陳式太極大師陳發科先生，書中內容涉及陳式、楊式兩大太極門派傳承部分，均未遭師門異議，其可信處當多。書中「太極拳之流派」部分摘抄如下：

「自伏羲畫卦，闡明陰陽，而太極之理，已寓於其中……唐許宣平（許先師江南徽州府歙縣人。隱城陽山，結廬南陽。辟穀不食。身長七尺六寸，鬚長至臍，髮長至足，行如奔馬，唐時每負薪賣於市中。獨吟曰：『負薪朝出賣，沽酒日夕歸。借問家何處，穿雲入翠微。』李白訪之不遇，為題詩於望仙橋云）所傳『太極拳』術名『三世

七』，因只三十七勢而得名。」

許宣平其人，新舊唐書中均有記載，並且《全唐詩》在第860卷載有其詩作，另有大詩人李白訪之的傳說。元代道士趙道一所著《歷世真仙體道通鑑》中，更加清楚地記錄了許宣平的隱居修煉生活。所以許宣平其人存在，是隱居修行的丹士，基本可信。

唐朝年代久遠，許宣平究竟是不是「三世七」太極拳的創始人我們難以考證，但許靇厚先生對太極拳源頭的考證至少給我們提供了兩個大方向：一是太極拳在1921年時，內功練法接近道家；二是楊式太極拳動作，源自三十七式。

我們可以看到傳至今日之楊式太極拳，雖有多種套路，但仍不離基本式三十七式，這兩點足以讓後人能認識楊式太極拳的基本框架。

書中對太極拳圖其他出處的整理，也可以看出太極拳與道家的淵源。如李道子傳論：

俞氏（江南寧府涇縣人）所傳之太極拳名先天拳，亦名長拳。得唐李道子之傳（江南安慶人）。李居武當山南岩宮，不火食，第日啖麥麩數合。人稱之為夫子李云。俞氏所傳之人，可知者有俞清慧、俞一誠、俞蓮舟、俞岱岩等。

李道子先師考證雖久遠，但先師傳俞蓮舟之「授秘歌」至今仍在，此「授秘歌」為真正楊式太極拳及多家太極拳修煉者視作內功之引言。

其全文：

> 無形無象，全體遁空。
> 應物自然，西山懸磬。
> 虎吼猿鳴，泉清河靜。
> 翻江倒海，盡性立命。

今人詳解為「忘其有己，內外如一，隨心所欲，心死神活，氣血流動，神充氣足」。用道家內功看其全詩：西山懸磬，虎吼猿鳴，都是道家煉丹術語。如「西山懸磬」四字，西指肺，山指胸，懸指空，磬指金（肺屬金）。虎吼猿鳴、水清河靜、翻江倒海，與水在長江月在天一樣，在道家丹術中是指不同的內功心法。其間奧秘在此不一一而述。

單從文本上去比較，李道子先師留下的「授秘歌」，與現世流傳的太極拳論十分接近。這並不是說李道子先生就是太極拳的創始人，而是太極拳從文風與理論上，都與道家十分接近。

我們稍微對比就會發現，道家文本與鄉村文本，無論從文風還是內涵上，都有著巨大的差異，例如許宣平先師《庵壁題詩》，道家空靈意味則可見一斑。

> 隱居三十載，石室南山巔。
> 靜夜玩明月，清朝飲碧泉。
> 樵人歌壟上，穀鳥戲巖前。
> 樂矣不知老，都忘甲子年。

民國以前，道家內丹術傳承極密，隱語甚多，只在道士內部與當時稱為士人的知識份子中流傳，所以很難模仿。再者，不同的生活產生不同的思維方式，道家出世修

行的生活與普通百姓完全不同，其價值觀、審美觀亦均不相同，對其差異不可視而不見。

如對比河南溫縣陳家溝現在仍舊留存明末陳王廷先生的《長短句》：

歎當年，披堅執銳，掃蕩群氛，幾次顛險！

蒙恩賜，罔徒然，到而今，年老殘喘，只落得《黃庭》一卷隨身伴。

悶來時造拳，忙來時耕田。

趁餘閒，教下些弟子兒孫，成龍成虎任方便。

欠官糧早完，要私債即還，驕諂勿用，忍讓為先。

人人道我憨，人人道我顛。常洗耳，不彈冠。

笑煞那萬戶諸侯，兢兢業業，不如俺心中常舒泰，名利總不貪。

參透機關，識彼邯鄲，陶情於魚水，盤桓乎山川。

興也無干，廢也無干。若得個世境安康，恬淡如常，不忮不求，哪管他世態炎涼。

成也無關，敗也無關。不是神仙，誰是神仙？

作為一個因不得志而解甲歸田的軍人，陳王廷先生詩興倒也灑脫、超然，但意境終歸還是鄉願村趣，除「《黃庭》一卷隨身伴」，均與道家抱虛守靜，法天齊物的志趣相去甚遠。

再來看溫縣陳王廷存世之《拳經總歌》：

縱放屈伸人莫知，諸靠纏繞我皆依。

劈打推壓得進步，搬撂橫採也難敵。

鉤掤逼攬人人曉，閃驚巧取有誰知。

佯輸詐走誰云敗？引誘回衝致勝歸。

滾拴搭掃靈微妙，橫直劈砍奇更奇。

截進遮攔穿心肘，迎風接步紅炮捶；

二換掃壓掛面腳，左右邊簪椿跟腿；

截前壓後無縫鎖，聲東擊西要熟識。

上籠下提君須記，進攻退閃莫遲遲。

藏頭蓋面天下有，攢心剁肋世間稀。

教師不識此中理，難將武藝論高低。

　　我們很難將楊式太極公認的幾篇古傳理論，視作與之同宗同源，如張三豐祖師《太極拳論》：

　　「一舉動，周身俱要輕靈，尤須貫串。氣宜鼓盪，神宜內斂。無使有缺陷處，無使有凹凸處，無使有斷續處。其根在腳，發於腿，主宰於腰，行於手指。由腳而腿而腰，總須完整一氣。向前後退，乃得機得勢。有不得機得勢處，身便散亂，其病必於腰腿求之。上下前後左右皆然。凡此皆是意，不在外面……」

　　又如王宗岳《太極拳經》：

　　「太極者，無極而生，動靜之機，陰陽之母也。動之則分，靜之則合。無過不及，隨曲就伸。人剛我柔謂之走，我順人背謂之黏。動急則急應，動緩則緩隨。雖變化萬端，而理唯一貫……」

　　書中另有幾種記述，如——程氏太極拳，始自程靈洗。其拳術得之於韓拱月。傳至程珌，改名小九天，共十四勢。有用功五志，四性歸原歌。

　　又有，殷利亨所傳之太極拳術名後天法，傳胡鏡子。

胡鏡子傳宋仲殊，其式法十七，多屬肘法。雖其勢法名目不同，而其用則一也。

我們可以把這些記述，視作太極拳早期源流的模糊線索。無論許宣平與李道子的道家身份，還是程式「四性歸原」與殷利亨的「後天拳」，都有著濃重、清晰的道家痕跡，如「四性歸原」歌中「我賴天地以存身，天地賴我以致局」等，這完全是超然出世，天人合一的道家思想體現。

所以，今天一些學者簡單地將太極拳的產生，總結為拳術結合陰陽五行說，加之中醫經絡學，顯然不妥。因為若以陰陽五行或易學的大概念去勾框所有傳統文化，大抵都能套上一些，但這樣的高度概括，也同樣意味著高度模糊。哪怕同樣是五行理論，同樣的經絡學說，道家的理解、應用乃至於遣詞用句，與儒家或醫者是完全不同的。

許靇厚先生認為，太極拳源於道家，至張三豐創八門五步，形成今天楊式太極的清晰輪廓。書中記載：

「張三豐名通，字君實，遼陽人。元季儒者，善書畫，工詩詞。中統元年，曾舉茂才異等，任中山博陵令。慕葛稚川之為人，遂絕意仕進，遊寶雞山中，有三山峰，挺秀倉潤可喜，因號三豐子。世之傳三豐先生者，不下十數，均未言其善拳術。洪武初，召之入朝，路阻武當。夜夢玄武大帝授以拳法，旦以破賊，故名其拳曰武當派，或曰內家拳。內家者，儒者之意，所以別於方外也。又因八門五步為此拳中要訣，故名十三式，言十三法也。後世誤解以為姿勢之勢，則謬矣。傳張松溪、張翠山。先是宋遠

橋與俞蓮舟、俞岱岩、張松溪、張翠山、殷利亨、莫谷聲等七人為友，往來金陵之地，尋同往武當山，訪夫子李先生不遇，適經玉虛宮，晤三豐先生，七人共拜之，耳提面命，月餘而歸，自後不絕往拜。由是而觀，七人均曾師事三豐。惟張松溪、張翠山傳者名十三式耳。」

筆者認為，此段雖有「夜夢玄武大帝，得術破賊」之說，但開篇已經講過，中國古人有尊古為大，創造神秘的習慣，各拳各派多依託成名古人，如愛國名將岳飛、被奉為武聖人之關羽等，或仙授為正傳、真傳。

現代人不當以此論其真假，但可以此為參考，看到兩個事情，一是「八門五步十三式」之說初成於宋元之交，二是太極早期傳人至今可查者非儒即道，以讀書人為主。作家金庸在小說中列敘時人，將他們寫成「武當七俠」，是據此為根據的創作，而非太極拳後人讀罷武俠小說「信假成真」。

另後世秘傳楊式太極拳老譜《三十二目》開篇仍是「八門五步」。如果說關於太極十三式、十三形，世間有各種說法，而「八門五步」十三式，只有掤、捋、擠、按、採、挒、肘、靠、進、退、顧、盼、定一說，毫無爭議。「八門五步」後，由王宗岳起，《太極拳論》經典華贍，太極理論及功法形成了成熟的、有高度自身特色的完整體系，並且分成南北兩支，分派如下。

元世祖時，有西安人王宗岳者，得其真傳，名聞海內，著有「太極拳論」「太極拳解」「行功心解」「搭手歌」「總勢歌」等。溫州陳州人多從之學，由是由山陝而

流傳於浙東。又百餘年，有海鹽張松溪者，在派中最為著名（見《寧波府志》）。後傳其技於寧波葉繼美近泉，近泉傳王征南來咸，清順治中人。征南為人勇而有義，在明季可稱獨步。黃宗羲最重征南（其事蹟見《遊俠軼文錄》）。征南死時，曾為作墓誌銘。黃百家主一，為傳內家拳法。有六路長拳、十段錦等歌訣。征南之後，又百年，始有甘鳳池，此皆為南派人士。

太極拳在南方的傳承，今天已無清晰痕跡，但上文所錄的六路長拳與十段錦，是北方楊式太極與之同源的佐證之一，楊澄甫師祖傳太極拳仍為老六路，今天的八十五式楊式太極拳，和與其相近的八十八式、九十三式、一百零八式太極拳均為六路往返的演練形式，並且，楊式太極拳內功修法，有非常近似十段錦之功法的太極八段錦。

其北派所傳者，由王宗岳傳河南蔣發，蔣發傳河南懷慶府陳家溝陳長興。其人立身常中正不倚，形若木雞，人因稱之為牌位先生。子二人，曰耿信、曰紀信。

時有楊露禪先生福魁者，直隸廣平府永年縣人。聞其名，因與同里李伯魁共往師焉。初至時，同學者除二人外皆陳姓，頗異視之。二人因更相接納，盡心研究，常徹夜不眠。牌位先生見楊之勤學，遂盡傳其秘。楊歸，傳其術遍鄉里，俗稱為軟拳，或曰化拳，因其能避制強硬之力也。嗣楊遊京師，客諸府邸，清親貴王公貝勒多從受業焉，旋為旗營武術教師。有子三，長名錡，早亡，次名鈺，字班侯；三名鑒，字健侯，亦曰鏡湖，皆獲盛名。

余從鏡湖先生遊有年，念其家世，有子三人，長曰兆

熊，字夢祥；仲名兆元，早亡；叔名兆清，字澄甫。班侯子一，名兆鵬，務農於鄉里。當露禪先生充旗營教師時，得其傳者蓋三人，萬春、凌山、全佑是也。一勁剛，一善發人，一善柔化，或謂三人各得先生之一體，有筋、骨、皮之分。旋從先生命，均拜班侯先生之門，稱弟子云。

有宋書銘者，自云宋遠橋後，久客項城幕，精易理，善太極拳術，頗有所發明。與余素善，日夕過從，獲益匪鮮。本社教員紀子修、吳鑒泉、劉恩綬、劉彩臣、姜殿臣等多受業焉。

截至目前，這是筆者所見最全面也較客觀的太極拳史料。對此史料，自許師出書始，即有非議。特別是對三豐祖師傳拳論，多認為是出自許師從師健侯師祖之外之師宋書銘大師。

宋書銘，清末袁世凱幕僚，人稱其精易理、善太極拳。在京城初顯拳藝時年已七十餘歲，自言為三豐祖師高徒宋遠橋十七世孫。所傳之拳「三世七」，以總式三十七式之諧音而命名。其練法為式式單練，隨意穿接，無始無終，故又名長拳。

因式名拳理和楊式太極拳多相同，故有考證者武斷其所練拳理、拳論皆為楊式太極拳，並認為其三豐祖師之說，是「附會古籍造作師承而作偽欺人耳」。對此考證筆者認為無半分可信之處，理由有三：

其一，世上諸事可造假者事多。大事者如假案、假幣、假文件，甚至，歷史上中國出過私訪的假皇帝。小事者如假字、假畫、假藥、假酒等，不一一論述。唯武功造

假不易。有造假者，只可在舞臺上、鏡頭前和自己的所謂徒弟，實則是表演班子試手。餘者如電影「葉問」片頭語「別說你功夫多厲害，師承多有名，武術站著的說話，躺下了就不要說話了。」宋書銘大師不同，他在京時年事已七十餘歲。前人出書記載：

「其時，紀子修先師，及吳鑒泉、許禹生、劉恩授、劉彩臣、姜殿臣諸師，正宣導太極拳於京師，功行皆冠於時。聞宋氏名，相與訪謁。與宋推手，皆隨其所指而跌，奔騰其腕下，莫能自持。其最妙者，宋氏一舉手，輒順其腕與肩，擲至後方尋丈以外。於是紀、吳、許、劉諸師，皆叩首稱弟子，從學於宋……宋所傳拳譜名《宋氏家傳太極功源流及支派考》……信證太極十三式確為張三豐所傳，為太極拳之一種……」

前人著述不但詳記宋大師之功夫，更贊其做人之風骨且足譽太極之高人也，此不一一而敘。

以筆者見識，前人著述宋書銘所授之徒皆帶藝投師，而且師出名門，所習拳種有陳式、楊式、吳式、武式太極拳外，還兼習形意拳、八卦掌。其中吳鑒泉大師不但善太極拳，父子兩代皆為清宮善撲營中國跤術高手，更是後期吳式太極拳之祖。這些武術鉅子皆拜宋大師門下，而考證者僅用一句「其太極拳頗近楊氏」，即否定其傳承，實過於武斷。

其二，宋書銘大師傳拳之時，楊式太極拳傳習，僅限身傳口授，還沒出過任何文字資料。宋大師已古稀老人，其一身絕技學自何人？其所傳太極拳理又來自哪裡？時至

今日宋大師傳拳已過去百餘年，吾國代代皆有考證癖，期間不乏沽名釣譽、蛋裡挑骨之人，雖然對宋師多毀譽，至今卻無人找出宋師傳習偽學之出處。

其三，宋大師傳拳日，楊式太極拳師祖健侯大師、少侯大師、澄甫大師皆在京城。考證者言宋師拳架、拳理、拳論皆竊自楊家。楊家先人無任何人對宋師提出過質疑。

據上所敘，筆者認為只有一種解釋。宋師所傳之拳酷似楊式太極拳，更說明楊式太極拳和宋師所傳之太極拳，均出自祖師張三豐。這成為不易再改轍之事實。

1949年新中國成立後，新編的套路二十四式、三十二式、四十二式、四十八式、八十八式等，皆是以楊式八十五式即老六路為原型。

20世紀80年代後，隨著國際交流的開放，太極拳也以它獨特的魅力躋身世界文化之林。現在走遍世界各地任何一個角落，凡是有人群的地方，晨起公園裡、廣場上、樹蔭下，常能看到練太極拳人的身影。太極拳已經成為全人類共有的文化財富。

師祖楊澄甫大師1931年的《太極拳使用法》，和1934年的《太極拳體用全書》附「張真人傳」，其傳承內容肯定了許靇厚先生傳承之說。三豐先師傳拳譜和澄甫師祖傳拳譜附錄如下：

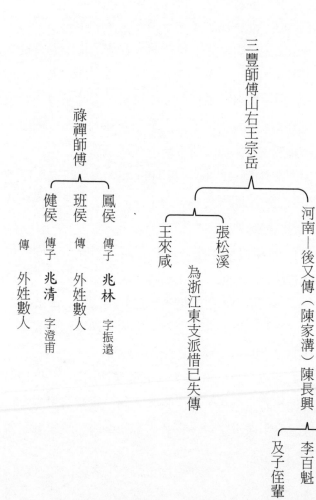

澄甫老師傳

楊兆鵬	李春年	陳光愷	朱紉芝
武振海 字彙川	陳微明	張慶麟	郭陰棠
田兆麟	楊鳳岐	王保還	師孫 吳萬琳
董英傑	張欽霖	形玉臣	師孫 孫件英
王旭東	鄭佐平	劉盡臣	李萬程
閻月川	王其和	匡克明	張種交
牛鏡軒	崔立志	楊鴻志	
田作林	王鏡清	師孫 楊開儒	
徐岱山	楊振聲	于化行	
褚桂亭	楊振銘	女士 濮玉 與弟二人	
劉論山	楊振基	女士 滕南璿	
李得芳	姜廷選	奚誠甫	

　　1993年，由筆者恩師楊振基先生演述、嚴翰秀先生整理出版了《楊澄甫式太極拳》，其書中「楊式太極拳的起源和發展」詳細介紹了楊家的功夫傳承，並附1931年澄甫師祖刊啟的傳拳譜，時隔60餘年其傳人未作任何改動。

第 三 章

楊式太極拳
樁功——站樁

太極樁功概述

太極站樁

椿功是古今各家拳種皆注重和必須修煉之基本功。

外家拳功夫要求拳架練習和與人切磋交手閃、展、騰、挪間落地生根。古代武者交手，並不提倡以性命相搏，通常失重為輸，這種民間規則對穩定的要求，增強了武術對人下肢及重心的訓練，故中國功夫有南馬北椿之說。即南方練功紮馬步，北方練功則要站椿做基本功。

隨著現代運動，尤其是搏擊運動的發展，站椿受到越來越多的質疑，一是體能訓練和技擊用途的低效，二是如果站椿不得法可能造成對膝蓋的損傷。

但筆者認為這兩種質疑，都是因為對太極拳椿功不瞭解造成的。如果瞭解太極椿功，就絕不會把膝蓋站出問題，相反能對形體不科學的姿態形成矯正，並且太極拳站椿功絕不是太極站樁像其他武術那樣為了穩固下盤，足下生根。

楊式太極拳拳譜《三十二目》第七目「對待用功法守中土」，並標小字「俗名站樁」，其全文為：

定之方中足有根，先明四正進退身，掤、挒、擠、按自四手，須費功夫得其真，身形腰頂皆可以，沾黏連隨意氣均。運動知覺來相應，神是君位骨肉臣，分明火候七十二，天然乃武並乃文。

「定之方中足有根」，「足有根」比較容易理解，各門各派的拳法凡是椿功均為了足下生根，對穩定與平衡的

要求，必然犧牲動作的靈活性與力量的極致性，這也形成了中國武術的力學特色——中線發力，即上文所講「定之方中」，亦即祖師楊露禪所傳「站住中正往外打」的發力方式。

如果受過太極拳從氣到力系統訓練的朋友，都會對此深有感觸，同樣是腰發力，太極拳講求身形腰頂協調處發自中線的整勁兒，而不是外家拳或現代搏擊訓練的擰腰發力。並不是說中線發力比擰腰發力更科學，因為前面說過，中線發力的強化與古代民間失重為敗的切磋規則是分不開的，如果作為技擊家，兩種力量都應該認真練習，中線力路短而綿長，偏線力路長而脆快，無優劣之分。

除此句外，其他的理解起來就相對困難了，比如掤捋擠按，身形腰頂，特別是以「掤捋擠按採挒肘靠進退顧盼定」十三式生出的沾黏連隨也屬樁功嗎？太極樁功到底是什麼？與通常的站樁和馬步區別在哪裡？太極練習者應該怎樣練習樁功？我們先從太極樁功到底是什麼說起。

「樁」字《新華字典》解：樁（桩）（樁子）：一頭插入地裡的木棍或石柱。而《三十二目》古譜功法中用的站樁卻是「站橦」二字，「橦」字《新華字典》查無此字。若將「站橦」等同於「站樁（桩）」，則完全曲解了太極站樁的意義。準確地說，太極拳站的是橦，不是樁。正是因為清末民初馬步樁功的流行，把太極拳站橦和北派武術中的站樁，從發音到寫法，甚至練法都等同了起來，實乃近代武學一大謬誤。

在收錄古文字最全的《康熙字典》第554頁第23字，

「橦」字標音為ㄊㄨㄥˊ（音：桐），下餘（唐韻）（韻會）（正韻）等很多，字義解釋只有（說文）帳極也。此解和站樁無關，但卻與恩師楊振基當年的解釋相同。至今我清楚記得，當時師父教站樁時說叫「站橦」，我問師父什麼是「站橦」，師父告訴我是帳篷的意思。我問為什麼是帳篷呢？師父沒回答我，只是讓我多體會無極式，以後自會明白，想來師父也許同樣困惑站橦和帳篷的關係。此問答讓我困惑了很多年，固然按師父教的方法練，但常常思索內中拳理。

1984年夏天，我在內蒙古草原四子王旗，參加當地牧民的那達慕活動，晚上在金頂大帳看「烏蘭牧騎」歌舞表演，時當盛夏，帳篷內雖人滿為患，夜風吹來仍感涼風習習，源於帳篷頂部的通氣窗，我忽想起了少年時對「橦」字的疑惑，「橦」《康熙字典》解為「帳極也」，極為帳篷頂。

我開始仔細觀察蒙古帳篷的構造，並向蒙古族朋友請教關於帳篷的知識，瞭解到帳篷的骨架是三個組成部分組成。一是底部像籬笆似的木條網，用來圍圈帳篷，也是帳篷的基礎，蒙古族人稱為「哈那」。二是蒙古包上部的傘狀排列的木龍骨，蒙古族人稱為「烏尼」，烏尼下接哈那，並從四面八方支撐帳篷最頂上的第三部分——蒙古族人稱為「陶敖」。

陶敖是個很像車輪的，有輻條的圓形木質構件，用來通風、採光。可以說陶敖是蒙古包的頂部基礎，因為陶敖的大小，決定了底部哈那的多少，如果陶敖很大，就要增

加相應的哈那，如果哈那超過八個，帳篷中間就要增加立柱來支撐頂部的陶敖。陶敖即為帳極。

不過通常的蒙古帳篷中間並無頂柱，支撐點全在烏尼連結哈那與陶敖的兩個關聯點上，並以捆繩、圍繩與壓繩綁在毛氈外，使之受力均衡，形成極為科學的「剛柔」之力。草原人世世代代居住的大帳，不論何方來風依靠的不是中間立大柱，而是龍骨四面的撐力。帳極即帳頂並不是死死向下壓龍骨，也是利用自身的「拱力」，龍骨和帳頂、拱木的結合都不是下壓，而是撐力中的對拉。

重思師祖楊澄甫的太極拳預備勢，再背《三十二目》「對待用功法守中土」，我開始明白太極站樁為什麼稱「站樁」，明白了「無極式」。

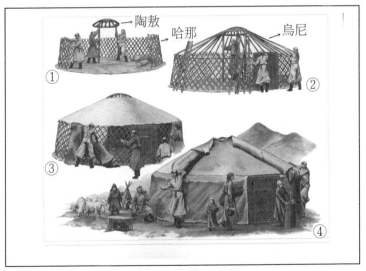

蒙古帳篷搭建示意圖

站樁與帳篷

若以人體來比，哈那如腿，烏尼如脊背，陶敖如頭頸，繩氈比作筋膜和肌肉，關聯楊式太極無極式之鍛鍊要領與自己實際練功的體驗，如身形腰頂（哈那），含胸拔背（烏尼），虛領頂勁（陶敖），正是使人體稱為這樣一個均衡力量體，這個力量體也就是《三十二目》中所講的「先明四正進退身」。

我們知道，太極拳的四正手為掤、捋、擠、按，在推手中，四正手的攻守均離不開身形腰頂的要領，而所謂身形腰頂的關鍵，正如帳篷結構中烏尼連結的兩個點，一腰一頸，四隅的要領則各不相同。

我豁然開朗，前輩拳論誠不欺我，站「樁」的「樁」字的的確確是一個非常形象的說法，不僅形體上的分段，楊式太極從初級階段強調肌肉放鬆，到高級階段強調的骨肉分離，以骨行拳，是為了避免肌肉產生不必要的拉力，這與帳篷的構造與圍繩的關係也非常接近。

楊式太極先師是否如《射雕英雄傳》中的馬鈺道長到過大漠，我們並不知道，但太極祖師張三豐入道於宋末，道法成之鼎盛期為元，傳道佈道於明初。常有人對三豐祖師歲跨三朝質疑，甚至有人提出三個朝代三個張三豐非是一人論。

以筆者拙見中國道家內功修煉，用現代語叫「生命科學研究」，只要有成者均可獲得長壽，如當代太極大師吳圖南先生，一生修煉太極拳，夫婦均過百歲。筆者老友「真氣運行法」創始人李少波大師年過百餘歲。武功、內

功均有修為被武林人士稱作「長江大俠」的呂紫劍大師生命跨越晚清、民國直至現在，歲百二十餘。筆者師叔楊振鐸大師年近百歲，身體硬朗，思維敏捷。由此見元帝國入主中原百餘年（1217—1368）。被稱作張真人的三豐祖師乃得大道之煉氣丹士，生命跨越三朝，在世百幾十歲當不足為奇。

　　史書記載，元入主中原鼎盛時期，漢人中有附庸權貴的獻媚之徒，常支帳篷於院中，並以此為風雅，而「帳頂」「頂極」「陶敖」用蒙語發音為 tong en。按音譯成漢字為桐恩或套恩，簡稱為 tong。這正是楊式太極拳《三十二目》「對待用功法守中土」中「站樁」「樁」字之發音。我想，就算不是張三豐祖師受此啟發創造了「站樁」的鍛鍊方式，但觀太極拳介於帳篷「頂極」虛實之立的樁勢要領，應該是同時期的前輩高人，創出了楊式太極拳之「站樁」，後傳承中記入拳譜，讓後人習練和並其他拳種的站樁加以區分，遺憾的是現在兩者的界限已經非常模糊了。

　　一個「站樁」絕不是一字千金，而是足抵萬言。直接講明瞭，太極拳的站樁，並不是簡單的下盤穩固訓練，而是全身上下骨骼的結構與關節、肌肉並筋膜的全面訓練，並且使之同時成為掤、捋、擠、按，太極四正手的力學基礎。

　　猶記當年帶著對「對待用功法守中土」的疑問，曾問恩師，師父對此譜的解釋很簡單：是打默拳。「打默拳」是恩師楊振基大師傳授

站樁打默拳

修煉站樁打默拳樁功的一種功法，初習樁功者，往往是只能站而不能入靜，長此以往枯燥無味，身倦體乏。

楊師指導可打默拳，所謂「打默拳」是用無極式或抱腹式站立，以站樁對身體各部位要求的要領，默想按套路打拳，以意念導引全身經絡。雖然師父以此指導初學者，但根據師父的講法與我的個人體會，這種方法對打通全身經絡和內氣循環，超過行拳走架。古拳譜所講的「運動知覺來相應，神是君位骨肉臣」，講的即是此中道理。

現在是網路時代，我在網上看到有網友解「對待用功法守中土」非坐功，也非站定不動的樁功，而是一種動態功夫，這是大錯。

據我幾十年跟著恩師練拳體悟，《三十二目》楊氏古拳譜沒有師父言傳身教，僅限文字和個人理解是無法解譜的，因為古譜上每篇均強調了重要性和要領，但具體的練法則完全沒有。如果強行按照自己的理解進行「再創造」，可能會因誤解而誤入歧途。所以學楊式太極拳最大的捷徑除了個人體悟，還需明師指點，言傳身教。

比如之後的「分明火候七十二，天然乃武並乃文」。我們都知道，這是在講吐納和導引在樁功中的運用，而「天然乃武並乃文」是指兼備技擊和養生的功能，但如何掌握導引火候，怎樣作用於技擊養生，則必須由師父近身指點，因為更細緻的傳授，是雙向的，師父需要知道徒弟的身體狀況、練習程度、所處階段或成就力道，才可以進行更具體的傳授。

現在人傳授武術，不問青紅皂白，不看身體健康程

度，踢腿沖拳為現代傳法，馬步站樁即為傳統傳法，對抗訓練和硬氣功稱為武，套路練習或養生內功稱為文，而其中沒有有機結合，實在是大錯特錯，造成的結果常常得不償失。傳統武術，尤其內家拳，講究因材施教，傳承非常細膩。從我年輕時有幸跟隨師父學習太極拳的那十幾年的時間來看，在我不同年齡，不同的體能狀態下，師父傳授的功夫也分了梯次階段，鍛鍊、訓練、養護各有方法又彼此貫通。

並不是前輩人為地神秘化太極拳，當然，我不否認傳統武術界整體是保守的，對太極拳傳承而言，它面臨的問題和局限，與所有傳統文化的情況類似，靠感受和體悟的地方太多，無法一一具象，清晰明瞭，但練懂之後回過頭來看，又沒有任何不清晰的地方，也許這就是東方文化的獨特魅力吧。

但我認為太極拳師不可滿足於此並沾沾自喜，無論怎樣高深的練功方法，凡不利教學的特性，都不能當作優點。當今科技之進步遠非古代可比。解剖學、影像科學、運動生理學、心理學等諸多學科的發展都已經進入精微程度。優秀的太極拳師努力結合其他科學，使用一切已知的新方法，來驗證古來傳承之技藝，窮一切現代科學之原理，解其當年難講之處。那些牽強附會，著意簡化，使之徹底成為伸展手足活動筋骨之體操，只會使太極功夫漸失真傳而愧對古人。

椿功站樁基本要領

楊式太極拳有十三種樁式，而站樁是一切站樁功之核心，不教站樁與吐納導引，只傳拳架，功從何來？所以太極傳授必從站樁開始，在站樁為基礎的同時，進行拳架的學習，方為學拳的第一步。但若不懂站樁之真意，苦練站樁容易陷入兩種問題：

一是站樁效果不明顯。眾所周知，站樁是項比較占時間的運動，哪怕每天只練半小時，在現代人這樣的快節奏生活中，已經占了相當的比重。如果效果不明顯，很難讓人練下去。

二是如果不得要領，不得明師（懂拳之師父謂之明），縱然堅持練下去，也不能收效，反而有可能練出其他的問題，比如人們常常詬病的太極拳毀傷膝蓋，站樁毀傷膝蓋，皆是不得要領又勤勉的原因，絕非太極拳之過。

經常會有學生疑惑，為什麼練太極拳一定要站樁，為什麼一定要把站樁當作太極拳的基礎？通常在授課時，我不用很多時間去講述其中理論，因為祖先留下的寶貴遺產，是以經驗取信，也就是說稍經學習，習者就可以體會到其意義與效果。所以在授課時，都是直接傳授練法，根據學生的進步與遇到的具體問題，分別講授相關知識，這與恩師楊振基傳我學拳的方法，非常接近。

這種教授方法的優點，是學生無須在初期學習大量自己也不懂的理論知識，可以節約時間和精力，進步較快；

缺點是因為基礎理論薄弱，中間遇到的問題也會多一些，必須師父親自指導。

本書中，我希望對太極拳的一些核心理論，用文字進行高度概括，來確保學生練習時大方向的正確，在理論和實際兩種教學中，取一個中間值。

漢朝有詩云：「生年不滿百，常懷千歲憂。」愛思考，是人類的特質，這種特質的發揮，使我們人類走到了今天。思考，離不開一個足夠大的大腦，而大腦是極其精微又極其脆弱的組織，容不得一點損傷，所以包裹在厚重的顱骨內。人頭部整體重量，約占人體比重的百分之十到十二，大腦重量約占百分之二到三，但是對能量和氧氣的消耗，卻占百分之二十五以上。所以古人有「心寬體胖」之說，是由一定道理的，人思慮少了，腦補能量消耗相對減少，自然會變胖。

這和站樁有什麼關係？不僅站樁，整個太極拳的養生部分乃至推手技擊的相當一部分，都與此密切相關。我們都知道，直立行走是人類的重要標誌，正是思考和直立行走，讓人類在自然界的競爭中取得了今天的成就。但在人類種種進步中，一直沒能進步的，是違反了動物天性，強行直立起來的脊柱。

直立讓脊柱承受的重量，占人體的一半以上，而脊柱的各個部分，無論頸椎、胸椎、還是腰椎，任意一點出現問題，都會成為影響整體健康的巨大問題。現代人常見腰頸椎引起的肩酸背痛，通常只是脊柱問題的初期信號，不加以注意，後患無窮。

中國古人很早就意識到了脊柱的重要性，中國獨有的經絡學中，人體奇經八脈之一督脈，完全依附於脊柱。督脈作用人一身之陽經，人全部六條陽經與督脈的交會，都位於脊柱，所以中醫把督脈稱為「陽脈之海」，督脈出現問題，陽氣自然出問題。我們知道中醫的健康與否，取決於陰陽是否平衡，一個督脈不暢的人，勢必不會健康。所以打通督脈對習武與健康有著至關重要的作用。

有人說督脈本身是通的，此話也對，若督脈不通，人的病灶反應就很嚴重了。而一般意義上的通，與練功追求的通，並非一個概念。

所以無論古代還是現代，在各種優秀的健身方法中，都可以看到對脊柱的特殊鍛鍊。五禽戲、易筋經、八段錦中均有相關動作與姿勢；一些古老的象形拳中，更有很多模仿動物降低重心，四肢著地的動作，並不具備實戰意義，其原理不外乎維護脊柱健康。不獨中國，印度瑜伽的練習核心，同樣在脊柱。在我們楊式太極拳中，對脊柱的訓練，是太極拳形體訓練的基礎，無論靜功還是動功的修煉，均離不開這一核心。

靜功形體基礎之「虛領頂勁」

太極拳靜功分內功與形體兩個部分，楊澄甫祖師在《太極拳術十要》中，前三項要領其實都是對脊柱姿態的要求。如第一項，虛領頂勁（王宗岳《太極拳論》亦有此要），常有人將虛領頂勁玄幻說，但恩師楊振基給我解釋時非常簡單。

　　師直言：「脖子和衣領虛接，不是領天上的勁，不要把脖子使勁向上頂。」澄甫祖師所講，更加白話：「頂勁者，頭容正直，神貫於頂也。不可用力，用力則項強，氣血不能流通，須有虛靈自然之意。非有虛領頂勁，則精神不能提起也。」用我們今天的話總結，虛領頂勁的著意點在頸椎，神貫於頂又不可用力，其目的在為頸椎得以形成一個科學健康的生理曲度。

　　人的頸椎，由七塊椎骨組成，最上面一塊的形狀在整個脊椎中非常特殊，為橢圓形的環狀，稱為「寰椎」，與蒙古帳篷頂上的陶敖很像。寰椎與下面的樞椎組合，上托頭部的枕骨，下連整條脊椎，中樞神經從正中穿過。要知道，人頭部的重量相對頸椎的粗細，是有些「超載」之嫌，更何況頭部會上下左右不停地轉動，這就對頸椎的健康提出相當高的要求，因為頸椎的輕微問題，都可能會引起中樞神經意想不到的問題，如高血壓就常常與頸椎疾病有關。寰椎與樞椎，可以說是脊柱上的第一關隘，風府穴、藏血穴均在此部位，此二穴均為武學中的死穴。

　　現代搏擊也將人體的這部分，列入禁擊部位，判定為後腦犯規區域，如果遭到重擊，可能引起人腦幹死亡。而頸動脈受到直接壓迫的話，人會在幾秒鐘內失去意識，柔術中「裸絞」，傳統武術中又稱「索喉」，是一種靠壓迫頸動脈成功的絞頸方式，與武術中通常「鎖喉」的窒息性壓迫，並不相同。

　　不難看出，人類頸椎何其重要，又何其脆弱。頸椎在技擊中的重要性，同樣適用在頸椎的健康上，如果頸椎健

康出現問題，其後果與在技擊中被擊打不相上下，輕則麻痺、昏厥，重則癱瘓、死亡。所以，切不可將頸椎疾病等閒視之，認為頸椎病只是脖子痛、背痛，這樣程度的頸椎病，只是在對人體健康亮警示燈而已，提醒人注意頸椎問題，改變生活習慣。所以「太極拳術」十要中第一要領「虛靈頂勁」，萬萬不是可有可無的玄學，望讀者與廣大太極愛好者務必重視，認真體悟。

抛開技擊性不談，做到虛靈頂勁，是太極拳給人帶來健康的重要保障之一，輕視頸椎之曲度，頸項肌肉群之狀態，整個脊柱的鍛鍊也就無從談起。

楊式太極拳之站樁，正是從重視頸椎開始，延伸到整個脊柱，繼而惠澤全身的運動。常有新學站樁的學生，出現哈欠不斷或打嗝不停等反應，導致無法長站，或者出現頭暈目眩之狀態。有些不明拳理的老師統統解釋為氣沖病灶，其實練習者可以自己從脊柱姿勢上進行輕微的調整，尤其是頸椎的曲度。在用心感知的同時，進行調整，大部分時候，可以解決上述問題。

我在教學時，遇到學生中出現類似狀況，通常可以明顯看出學生的身形毛病，提醒學生進行調整後，症狀即消失，讓學生在以後的練習中，稍加注意即可。值得一提的是，有些輕微的反應，如偶爾連續打幾個嗝，或打幾個噴嚏，無須太在意，我所講的是那種接連不停，影響到練習的反應。

一般來說，頸椎保持稍稍的前曲幅度，使寰椎與頭頂的百會穴平行，不前探，不後弓，即可使我們身體的「陶

敖」頸椎穩穩地連接在人體「烏尼」胸椎上。整個肩頸部位的肌肉才可以得到最大限度的放鬆，讓連結大腦與頭部的血脈和經絡，最大限度地暢通，如同全面開放的高速公路。教導學生時時刻刻感知自己整個脊椎每一部分的狀態，是很重要的，《三十二目》「運動知覺來相應，神是君位骨肉臣」中所謂的「運動知覺」，即是以這樣的感知為基礎進行的鍛鍊，進而進入楊式太極其他功法的訓練。

靜功形體基礎之「含胸拔背」

「太極拳術十要」中，楊澄甫祖師將「含胸拔背」列為第二要點。對含胸拔背的解釋，太極練習者多有不同，有弓背蓄力的，有軍姿上挺的，這些都是錯誤的練法。恩師楊振基講授時非常簡單：「中正不挺即為含，腰椎上頂即為拔。」如經師父親手調整，學生多能迅速掌握含胸拔背之要領。

含胸拔背的要領，主要針對脊柱第二要地 ── 胸椎。胸椎共由十二塊椎骨組成，不像頸椎有寰椎和樞椎這樣特殊的部件，胸椎的十二塊椎骨形狀非常接近，只是從上至下逐漸變粗。胸椎類似於蒙古帳篷構件之烏尼，上接頸椎，下接腰椎，並與肌肉、筋膜與肋骨合力，形成胸腔，對人體心、肺等重要器官進行包裹保護。胸椎本身比較強壯，但與頸椎和腰椎的結合處，則非常容易出問題；一旦結合點出現問題，就有可能影響整個胸椎，外在出現脊柱側彎等情況，內在易引起各種疾患。

楊式太極拳先師一改傳統武術中挺胸抬頭之「威武」

相，在基礎姿勢中強調含胸拔背，是非常科學的。我們觀察自然界中的動物，在警覺、蓄勢攻擊時，無不含胸拔背。能含胸拔背，才可力由脊發。所以，一切格鬥運動，縱然不講含胸拔背，也以各自的方法強調同樣的要領。大家可以看一下拳王阿里、拳王泰森和李小龍三人的格鬥姿勢，體會虛領頂勁與含胸拔背在技擊姿勢中的體現。

拳王阿里

拳王泰森

功夫巨星李小龍

請注意三位技擊家各自姿態中相通的頂拔之意，雖然張三豐祖師在《太極拳論》中強調太極拳為「願天下豪傑延年益壽，不徒作技擊之末也。」然而無論延年益壽還是技擊，均離不開對運動生理學和力學的理解，那些不符合生理科學的姿

勢，那些與力學難以相應的動作，一定既不能技擊，也不能養生。所以太極拳的養生與技擊功效，自有難分之處。正常情況下，一個練太極的人，若完全不懂技擊，他的養生功也不會好到哪去；同樣，若完全不懂養生之道，一味追求技擊的太極習練者，雖然可能技雄一時，但必然曇花一現。

所以太極拳強調含胸拔背這一基礎姿勢，除了符合技擊需求，還有兩個關於養生的重要原因。

第一，人體脊椎有四個自然生理曲度，第一是我們前面講過的頸拳王阿里拳王泰森功夫巨星李小龍椎前凸，第二就是胸椎後凸，第三是腰椎前凸，第四是骶椎後凸。直立的人體，需要靠脊柱的四個曲度，如彈簧般保持身體的平衡，並產生「避震」效果，對臟腑和大腦進行保護。

需要注意的是，頸椎和腰椎的前凸，是人類為了適應直立行走，在出生後形成的改變。而胸椎與骶椎，則自然地保持著天然姿態，太極拳含胸的要領，即為了保持這一姿態。

含胸形成的效果不僅是形體上的符合天然，呼吸也隨著胸腔的改變，由成年人習慣的胸式呼吸，改為嬰兒式的腹式呼吸，這對太極拳靜功的修煉，極為重要，拳經中之「腹實胸虛」，關鍵即是在此。另外，若胸不能含，則「太極拳術十要」中第五要「沉肩墜肘」亦不能做到，讀者可自行體會二者之關聯。

第二，源自道家文化的太極拳，講求純任自然，不用拙力。所以保持脊柱自然曲度，則可視為脊柱健康。但人

在生活中，要應對不斷改變的外力，保持自然曲度談何容易？並且，隨著生理的增長，人體的一切都會面臨衰老、退化，也就是說，只是純自然的保持脊柱的健康，絕不可能。在自然的基礎上，無論對形體、經絡，還是精神、意念，透過一定的方式進行合理的強化，則為修煉。

若以頸椎來說，「虛領」是自然，「頂勁」是修煉。在胸椎部分也是一樣，「含胸」是純任自然，「拔背」即是對胸椎段的修煉。

太極拳樁功就是這樣，透過對人體內外姿態的要求，使其在看似靜止的狀態下，進入一種科學的「鍛鍊姿態」，加上呼吸吐納與經絡導引，使人體變得健康，脊柱變得強壯。聽起來似乎覺得不可思議，但按正確的方法練習太極拳一年後，人都能清晰感到脊柱力量的增強。

在我的學生中，有脊柱側彎非常嚴重的，S型彎曲加X彎曲，程度嚴重到影響呼吸，但只是按站樁要領練習站樁功一段時間後，都有了很大的改善，用學生自己的描述，脊柱就像澆了水的植物，慢慢直起來了。輕微駝背的學生也有很直觀的感受，自言練習太極之前，所以駝背，是因為頭部太重，挺直後常常覺得頸椎、胸椎很累，但站樁一段時間後，自感頸椎、胸椎與頭部日益輕鬆，身體也就自然而然地挺拔起來，看起來比過去高了四五公分。

靜功形體基礎之「鬆腰」

我們已經知道脊柱在楊式太極拳鍛鍊中的重要性，所以楊澄甫祖師在《太極拳術十要》中，把鬆腰列為第三

要領，並不是說腰的重要性排在第三，其順序是按脊柱
從上到下各部分之排序，所以，脊柱各部分的重要性無先
後之分。並且，脊柱直形態，是貫穿楊式太極拳靜功與動
功的，是不變不動的核心要領，練習者應當仔細體悟。
《太極拳術十要》在講完脊柱之後，才講「分虛實」「沉
肩墜肘」等動作要領，一是因為其他這些在靜功中並不太
重要，二是因為「虛領頂勁」「含胸拔背」與「鬆腰」三
者，雖然同列於脊柱，但鍛鍊時的著意點，各司一部，又
牽一發而全動。

　　「虛領頂勁」之頂，「含胸拔背」之拔，二字均為向
上之意，作為內家拳的太極拳，要求用意不用力，如楊澄
甫祖師在講虛領頂勁時直言不可用力，用力則項強。「項
強」指頸部僵硬，換作其他部位也一樣，肌肉用力則易
僵，導致血流氣息不暢，力量、速度均不能發揮。如何在
「不用力」的狀態下使脊柱有頂拔之意？唯有調整脊柱形
狀，使其向上之意發自腰間，故《十三式歌訣》中有講：
「命意源頭在腰隙」，唯有懂了腰上功夫，方能從腰至頭
頂，保持整個脊柱「力」的貫穿，方能知曉太極十三式中
進退之道的真意，是民間有「傳拳不傳腰，傳腰師不高」
之諺。

　　我們講過，腰椎和頸椎一樣，是人類脊柱上的另一個
前凸曲度，這個曲度就是我們習慣看到的挺著腰的狀況。
在接受姿勢訓練時，常常聽到的一句話就是「把腰挺起
來！」把腰挺起來究竟有什麼好處？

　　人看起來會更加挺拔，但長期用力挺腰，會使腰部前

突曲度增加，初期不會出現什麼問題，尤其年輕人，因為年輕人血氣旺盛，脊柱和肌肉的整體支撐與牽拉都有力，但是進入衰退期後，一些問題會顯露出來，年輕時過度前曲的腰椎，因為角度關係變得承重性很差，極容易引起變形，這時原本是優勢的伸縮空間，很容易成為椎間盤突出的形成原因。相反，長期彎著腰就會造成腰椎的後凸，害處更大，許多從事需要彎腰工作的人，包括坐姿不正的上班族，經常負重的人，都會形成這樣的後凸，患腰間盤突出的概率更高。如果腰椎較直，對整個脊柱的支撐就相對輕鬆，面臨的問題則是柔韌性差，非常容易受傷。

所以健康的腰椎，要保留一定向前的生理彎曲度，又不可過度前凸。怎樣把握這個基本的度，楊式太極拳的先師們用一個字的置換，解決了這個問題——改「腰挺」為「腰頂」。

腰部如有上頂之意，自然不會弓腰或過度前挺，在《三十二目》「身形腰頂解」中非常強調腰頂之重要性，直言「身形腰頂豈可無，捨此何必費工夫」，而腰頂用力之關鍵在命門，非鬆腰不能究竟明瞭，鬆與頂，一橫一縱，一開一合，不但是太極拳站樁功形體之核心，也是拳架動功的核心。

如何為鬆？初學者很難由對脊柱的知覺來把握鬆腰與腰頂的關係。不習武、不打坐的人大多很難體會到鬆腰的概念，如果會雙盤坐，自然明白，雙盤坐時腰是鬆的，脊柱是直立的，此直立指生理曲度的科學姿態，非病態的脊柱強直。此形態下，向腰間命門穴稍加上頂之意，即為靜

功中的腰頂，借此體會用意不用力，也是種方法。

　　不能雙盤坐，可以用靠牆站的辦法，感受下鬆腰的狀態。具體為背靠牆站，腳跟離牆半腳距離，後背靠在牆上，頭部保持虛領頂勁，不要貼牆，整個腰背部放鬆貼在牆上，然後保持同一姿勢把身體前移離開牆，此時即為鬆腰狀態，與打坐感受一樣，在此基礎上使腰椎從最下面的骶骨位置有上頂之意，即為鬆腰體驗。需要注意，貼牆時間不可太長，以免寒涼入骨。

　　此法只宜做體驗鬆腰正確覺知之用，不要當成正式功法來練，貼軟牆、木門時間太長亦不可取。

　　以上可稱為站樁的要領，在站樁和打拳過程中，是不變的，不懂這些，靜功和動功的訓練都可能產生很大程度的偏離。所以在講樁式與內功之前，把站樁功夫的重要性和要領，向讀者做一個說明。希望大家在練習之時，切勿忽略。

　　這裡順帶講一下腰和胯的關係，記得恩師楊振基有次看人表演楊式太極拳，非常生氣，說把「腰拳」打成了「胯拳」，其實是在說他們打拳，腰胯分離了，所以看起來極不穩重，脊柱也在打拳的過程中東搖西擺，不但不利健康，反而有害；人類這一物種，存續、演化了上百萬年，在許多方面都取得了重大的進步與發展，唯獨對脊柱健康的維護，至今沒有什麼好的方法。有說加強運動，有說加強營養，這些說法都沒問題，但是運動不當，反而傷害，營養雖好，難修復已經形成的損傷。

　　楊式太極拳，用靜功與動功的練習，讓脊柱以科學的

姿態良性運動，並透過中國古老而神奇的吐納導引術，以人體自身的功能對脊柱進行修復與強化，實在是祖先留給我們的寶貴遺產。

楊式太極拳基礎椿式

1967年始，筆者隨恩師楊振基先生習練楊式太極拳。初時楊師十分強調椿功的習練。楊師傳習太極十三椿分為三大類：靜功椿、動功椿和活步椿。

所謂靜功椿，顧名思義，即在靜止的椿式中進行修煉，其靜止只是外在看起來靜止而已。

而動功椿，則是指在雙腳不移位的情況下，身體或肢體有俯仰升降的動作。動椿通常用來鍛鍊特定部位的力量，輔助打通經絡與一些穴道，多數時候，師父需要知道學生的靜功練習障礙，有針對地進行動功椿傳授，靜功椿和動功椿合稱定步椿法。

活步椿是指在動功椿的基礎上，腳步有移位的椿法，往往結合肢體運動，是練太極拳架的基礎功法。

瞭解椿、拳之關係的師父，會用相應的椿式訓練，改變學生打拳時的一些問題。無論定步椿還是活步椿，均有打通經絡之功效，並且可以結合不同的內功心法練習，所以椿功雖然強調呼吸，不等於內功的吐納導引。有了對站樁的理解，對椿式的把握就相對容易些了。

楊式太極拳共有十三個椿式，恩師楊振基常年修煉為無極椿和抱腹椿，別的椿法只聽他講，從沒見他練過。筆

者早年曾習形意拳和八卦掌，至今仍在練太極拳之餘研習形意拳、八卦掌拳理。讀書所見形意拳大師尚雲祥一生修煉形意拳，卻很少練形意拳必練之樁功「三體樁」，常年習練樁式為「抱腹樁」，用他的話講是「動靜有別」。筆者習八卦掌授業恩師為張子恒大師，據張師講，程派八卦祖師程廷華大師，一生習練樁式為無極樁。

　　見以上大師所為，筆者認為樁功練成後，無須全部練習，十三樁多是用來解決階段性問題的。筆者年少，隨恩師練習樁功與拳架，師父是逐漸教我不同的樁式。年少貪功，學會之後便不捨得不練，所以對十三樁均有習練，時至中年後才改為修煉四個樁勢。

　　分別為靜功樁：無極樁、抱腹樁。

　　動功樁：十字樁。

　　活步樁：川字樁。

楊式太極拳「無極樁」（圖 3-1）

　　太極拳前輩大師認為，太極拳靜功為太極拳精華部分，集內氣、養生、靜坐、技擊於一身，靜中包含萬千變化。靜功修煉又包括太極之母「無極功」的修煉。王宗岳「太極者無極而生」，闡明了無極生太極，無極樁即太極拳的預備式「無極勢」，楊式太極拳所有套路，莫不以此起勢。

　　太極拳「預備勢」在師祖楊澄甫大師1931年著《太極拳使用法》和1934年著《太極拳體用全書》中均描述為：此為太極拳預備動作之姿勢。立定時，頭宜正直，

圖3-1 無極式
（無極樁、無極勢、
預備式為同一體式）

意念頂勁，眼向前平視。含胸拔背，不可前俯後仰，沉肩墜肘。站樁示範講解兩手指尖向前，掌心向下，鬆腰胯，兩腿似直非直似曲非曲，以舒適為度，兩足直踏，平行分開，距離與肩相齊。尤要精神內固，氣沉丹田。一任自然，不可牽強。守我之靜，以待人之動，則內外合一，體用兼全。

至此大師特別強調的是：人皆於此勢易為忽略，殊不知練法用法，俱根本於此。

並強調：望學者首當於此注意焉。

前輩大師有「預備勢是太極拳全部功夫的半數」之說。筆者以自己幾十年練功體會認為此說絕不過分，有人打拳時竟然從立定姿勢開始，徹底放棄了「無極勢」。這實際上是丟了太極拳半數以上的功夫，雖練拳多年終不得要領，實在是得不償失，令人惋惜。

我們平常打拳時，預備勢不妨可多站一會，以體會鬆靜自然、靜中猶動、靜中寓動、靜而無靜、心平氣正、心正意靜、氣血和順之雅境。

站樁示範講解

具體練法是先以站樁之要領全身放鬆，自頭、肩、背微微放鬆，含胸拔背，沉肩垂肘，做到腹鬆、腰鬆、臀鬆，最後直達腿、膝、腳

的十趾，兩臂手指均放鬆後，再用意念檢查三至五遍，方開始起勢打拳。前輩大師稱此為「澄本清源」，意為若要下游水清，源泉必先澄。是指經過如此的放鬆與檢查，人體從內到外都獲得了鬆靜，才能與王宗岳拳論「無極」生「太極」之說相應，獲得良好的練習效果。

如單練無極勢知覺應更細微，反覆檢查全身之「鬆靜」與否，初學者每次二十分鐘到四十分鐘就收效很好。如碰到天氣變化或飲食、睡眠不好引起的身體不適，早晨起床後，或晚上睡覺前，於庭前或室內站一會兒無極樁，多數不適可以緩解或完全消失。

楊式太極拳「抱腹樁」（圖3-2）

抱腹樁屬楊式太極拳十三樁之靜功首練樁法，也是楊振基師父早期傳拳必練之樁，甚至強調練無極樁勢之前先練抱腹樁。因楊式太極拳內功修煉首先強調的是腹部堅實點的修煉。腹部堅實點，內家拳統稱為「丹田」或稱「氣海」。需要注意的是，丹田一詞，來自道家丹術，後因流傳廣泛，被各家採用。

太極拳練功所說的丹田與命門概念，並不是中醫針灸所講的穴位。中醫認為丹田是指關元穴，而楊式太極拳認為，

圖3-2 抱腹樁

丹田是指整個下腹部的一個區域，包括了氣海、關元、中極等重要穴位，任脈、督脈、衝脈三脈交匯，是生命能量最重要的活動場，無火能使百體皆溫，無水能使臟腑皆潤。

現代解剖學對人體這一部位的研究，並未發現重要器官，但「意守丹田」進行內功修煉的效果，也是現代科學無法解釋的，這是現代醫學和經絡學的巨大差異，希望有一天科學的發展能徹底揭開這些人體的奧秘。現在我們只需要知道意守丹田，並不是指守某一個穴位點，而是指以某一點為核心的一個區域。事實上，初練內功的人，也根本無法使意識精確地集中在某個穴位上。

楊式太極拳確定丹田位置最直接的方式為雙肩雙臂自然放鬆，兩手抱腹前，前後手心相對自然下垂，手心相對位置向內的位置即為丹田，意守丹田是以此處為核心，恩師楊振基當年就是用這個方法給我定丹田位置。多年來，我也用這個方法教授學生，發現這樣定下的丹田位置，幾乎都是骨盆正中或稍稍靠下的位置，在骶骨和尾骨交接處。師父講和丹田相對的背後即命門，同樣，此命門非針灸所講的位於第三腰椎處的命門穴。

太極拳前輩大師和傳統中醫、道家修煉均認為，命門男為生精之所，女為掛胎之處，現代人已經知道，在人體的這一部位，是男人的前列腺和女人的子宮所在，所以古人稱其為「生氣之源，性命之祖」絕不為過。在其上部，有盆骨與脊椎接壤部的骶髂關節，為人體脊柱之根基，盆傾而椎正，絕無可能。在其下，是人體生殖系統，大動脈

再次分叉，為雙腿輸送血液。因此，丹田和命門被道家和內家拳、氣功師等內功修煉者，視為最重要修煉點，為煉化之地、藏真之所。

現在有人修煉抱腹樁，抱小腹，按肚臍，是不對的，在練內功時把命門理解為中醫所指的命門穴，也是完全錯誤的，所謂抱腹，指下腹。

楊式太極拳「十字樁」（圖3-3）

十字樁屬楊式太極拳十三樁中的動樁功夫。按楊師要求習練十字樁，應在無極樁或抱腹樁功夫有成之後。身體按無極勢要求站立，兩臂自然平舉，沉肩墜肘，氣沉丹田，命門對拉，雙臂努力伸展，力達指尖。

初級鍛鍊應量力而行，時間可控在二至五分鐘，日練數次。隨著功力增長，時間可增加至一次半小時。此功為楊式太極拳力量功之一。可拉動手厥陰心包經、手太陰肺經、手太陽小腸經、手少陰三焦經、手陽明大腸經、手少陰心經等多條經絡和經絡所屬穴位。

應注意的是十字樁抽動內氣十分強烈，無極樁和抱腹樁未通小周天之前應慎練和少練。特別是沒有師父言傳身教，只從本書所學，更應慎練。

圖3-3　十字樁

楊式太極拳「川字樁」（圖3-4～圖3-9）

川字樁屬楊式太極拳十三樁中的活步樁。練楊式太極拳用此樁鍛鍊拳架中的開勁、合勁、整勁。同時，此樁可拉動小周天真氣運行和命門對拉。前輩大師稱鍛鍊此樁對包括任督二脈在內的十四經均有獲益。（道家修煉、傳統中醫認為人體為十二經。楊式太極拳把任督二脈也算作兩經，故稱十四經。）因此，川字樁被列為楊式太極拳十三樁中的重中之重。

身體按無極式站立，兩臂慢慢向上向前平舉，高與肩平，兩臂自然伸直，手心向下，腕與肩平。

此為川字樁起式，要精神內斂，心平氣靜，排除內心一切雜念，意守丹田。兩臂平舉時，手不走肘，以手領肘，意達指尖。

圖3-4　川字樁　　　　圖3-5　川字樁

圖3-6 川字樁

圖3-7 川字樁

圖3-8 川字樁

圖3-9 川字樁

左腳提起向左前方邁步，腳斜45°。腳跟先著地，後全腳著地踏實，成左弓步。同時左手掤起，手腕略高於肩，肘略低於肩，目光視正前方。

右腳向正前方邁半步。左腳蹬地，右腿前弓，右腳掌落地平後，左手豎掌徐徐向前，同時右掌豎起向左掌前上方合攏，成左掌下右掌上之合勁，全身按無極勢（樁）勁對拉，目視正前上方。

此樁式按站樁之要求靜立五分鐘。

左腳進半步與右腳齊。同時兩手平推，沉肩墜肘，氣沉丹田，目視前方，靜立五分鐘。左腳提起，向右前方邁步，腳斜45°，腳跟先著地，後全腳著地成右弓步。同時，右手掤起，手腕略高於肩，肘略低於肩，目光視正前方，左腳向正前方邁半步，右腳蹬地，左腳前弓，左腳掌落地平後，右手豎掌徐徐向前。同時左掌豎起，向右掌前上方合攏，成右掌下左掌上之合勁。全身按無極式（樁）勁對拉，目視正前上方。按身形腰頂、虛領頂勁靜立五分鐘。

川字樁習練按以上左、右、正三勁法練習。初練可30～40分鐘。功夫上身後，可根據自身條件調整時間。常有拳友提出練拳架時速度慢些，能否替代樁功。對此師門傳承樁功即樁功，拳和樁是有區別的，故不可替代。

第 四 章

楊式太極拳
內煉功法

太極內功概述

太極拳屬於內家拳，練的是自身內在的氣血經絡，武林中有一句俗話：「內煉一口氣，外練筋骨皮。」這句話很直接地指出內功修煉是氣的鍛鍊，太極拳作為內家拳重要的代表拳種，自然離不開內氣的修煉。

而今天太極拳有一個非常普遍的問題，常見不少練拳多年的人，不但動作熟練，姿勢優美，甚至還會推手並具有一定技擊功夫，可是太極拳特有的內功「味道」卻不濃，甚至沒有或不懂內功。

太極拳有沒有內功？什麼是太極內功？這是經常有人提出的問題。應正視的是，太極拳在長期的發展過程中，早已形成了自己獨特而又完整的理論體系和行功準則。這些準則也包括了太極拳獨有的內練功法，楊式功法被古今中外一些有識之士和練功之人作為奧秘進行探索。在資訊保守的時代，內功作為個人修煉秘要，師徒口口相授，秘不示人，太極內功越來越神秘。

資訊時代使得所有的秘密逐步公開，如北京科學技術出版社，在當前出書熱的潮流中，他們另闢蹊徑、獨具匠心，出版了「武學名家典籍」叢書（註：繁體字版由大展出版社出版），使我有幸目睹了前輩大師、拳師所寫的精闢拳論。這些前輩大師有關太極拳類書籍均明確指出，太極拳正確練法離不開「氣」，離不開內功。使太極拳的內功修煉成為不爭的事實，以我個人幾十年練習太極的經

驗，嚴格來說，練太極拳如果不提高到內功的鍛鍊，要想達到具有太極拳特點的技擊或者是養生效果，均是不可能的。

1993年6月，楊式太極拳後人，筆者恩師楊振基先生向世人公布了其母親1961年傳於他的家傳《古譜手抄本太極拳老拳譜三十二目》，此本的公佈不但在太極拳界引起了巨大轟動，其中內功修煉的內容，被有識之士尊崇為武術內功之冠。

儘管此前有關此本中部分內容有流傳，其中的功法也有很多人修煉，可是反向評論甚至傳承上的誤導，使許多太極拳愛好者和部分對此功法的修煉者常懷疑此功法的出處，甚至懷疑此功法和楊式太極拳有沒有直接關係。而《三十二目》的公佈，徹底理順了多種道家功法和太極拳的關係，使太極拳內功有了不用爭論的歷史依據和詳盡練法，這是楊式後人對太極拳發展做出的又一巨大貢獻。

現在我們已經可以明確地指出，楊式太極拳有動功和靜功兩種練法。習慣上稱動功為拳架是「技」，技是技擊的招法，也稱「架子功」，又稱「法功」。靜功多稱「樁功」「內功」，在靜態中調整體內的精、氣、神來強身健體和增加技擊力量，也稱「內力」「內勁」。

這是楊式太極拳和中國所有傳統內家拳共同的修煉方法，只是「樁式」運氣先後等具體練法略有不同。

楊式太極拳內功修煉，是以濃厚道家文化為基礎的健身技擊養生術，它和道家多種養生功法、氣功修煉、導引術、吐納術、煉丹術等有著密不可分的同功之源。中國道

家文化有著幾千年的歷史傳承。它的內功、氣功有多種練法，使普通習練者常感神秘，不知所以。而楊式太極拳把複雜神秘的道家丹術與養生術進行了提煉，直接融入日常生活、體育鍛鍊和修身養性、防身自衛中。

內功和氣功的共同之處在於，都重視「氣」的修煉；區別之處在於，氣功重視觀想，比如設想宇宙星空、大海草原、空靈境界等，而內功禁止觀想，重視呼吸與導引，每次呼吸均有氣在體內行走，意識明確，感知清晰。

透過經絡，打通人體內奇經八脈，並利用周天功夫開關展竅，鑿通任脈、督脈，進而打通十二經，修煉大周天，以達到道家追求的修煉效果——即「煉精化氣，煉氣化神，煉神還虛」。這有別於印度瑜伽、藏密、佛家等多家修持功夫。

如果說經絡修煉，會讓這方面知識相對貧乏的現代人產生疑惑，那麼簡而言之，楊式太極拳靜功之修煉，在一切有氧運動中都是出類拔萃的。雖然內功所講的氣，繁體字為「炁」，與我們所說的氧氣不是一種東西，但是「炁」的修煉，和有氧運動的確分不開。

一個正常人，不吃飯不喝水，能活十天左右；但是如果不呼吸，存活時間就只能以分鐘來計算了。這是因為人體內部像一個生物化工廠，五臟六腑一刻不停地產生著各種化學反應，來維持人的生命運轉，控制人的喜怒哀樂。然而人體內這一切運動，必須依靠氧氣。如果人不呼吸，體內儲存的氧氣在幾分鐘內就被各大「生化工廠」耗盡，「工廠」停產，生命消亡。所以人體對氧氣的依賴不可或

缺，人對氧氣的利用能力，決定了人體的健康
程度以及體能。

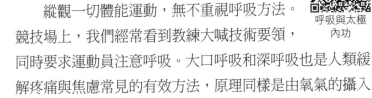

呼吸與太極
內功

縱觀一切體能運動，無不重視呼吸方法。
競技場上，我們經常看到教練大喊技術要領，
同時要求運動員注意呼吸。大口呼吸和深呼吸也是人類緩
解疼痛與焦慮常見的有效方法，原理同樣是由氧氣的攝入
為體內的「生化工廠」提供燃料。

人類透過適當強度的運動，使肌肉增加了對氧氣和能
量的需求，心臟自然跟著提升心率，而心率的提升使得心
臟泵血功能增強，血液循環更加徹底，為肌肉提供更多支
援；同樣，有力的心跳需要更多的氧氣攝入，所以需要肺
部提供更強的呼吸，為心臟提供足夠的氧。

如果運動中心肺的供氧與肌肉的消耗平衡，人的心肺
功能與肌肉就得到同步的鍛鍊，運動生理學上，把這樣運
動強度適中，有韻律性，並能持續一定時間（20分鐘以
上）的運動，稱為有氧運動。

如果運動強度劇烈，肌肉耗能過大，心肺功能來不及
將氧氣轉換為能量，則稱為無氧運動。

有氧運動包括慢跑、疾走、騎自行車、游泳等，太極
拳究竟算不算有氧運動？要看怎麼練。

很多不懂太極拳的人，將太極拳當成緩慢的體操，運
動時，心率沒有提升，心肺功能並無增強，這樣的太極
拳，怎麼能算是有氧運動呢？而真正的太極拳，身體不
動，只練靜功，就是最好的有氧運動。聽起來有些不可思
議，但是可以做一下分析和比較。

慢跑也好，疾走也罷，實際上是由肌肉的快速收縮達到的運動效果，運動時心肺功能增強產出的氧與能量，絕大部分被運動的肌肉消耗掉了，比如跑步，主要耗氧部位在雙腿，同樣需要氧氣的內臟器官所得到的供氧量，甚至比平常還少，要變得健康也不容易。

這些有氧運動，只要超過一定強度和時長後，就變成了無氧運動，人也會出現無氧運動後才會感到的肌肉酸痛和疲憊。

太極拳則不然，也許是我孤陋寡聞，太極拳是不以肌肉運動為主來促進心肺功能的真正有氧運動。雖然靜功和動功的練習都有肌肉的參與，但強調「用意不用力」的太極拳，肌肉運動強度很小，尤其靜功，在身體完全不動，雙腿並不下蹲受力的情況，僅僅以站樁要領為核心，由對自然站姿微小的調整與呼吸心法的改變，就可以使心肺功能進入有氧運動的狀態，如心跳增速在每分鐘20下左右，呼吸變得深長，每分鐘2～5次呼吸，血液循環充沛，新陳代謝加速，汗如雨下。

由於全身肌肉在鬆弛狀態下耗氧並不大，於是人所有內在器官，都得到了比平常充沛的多的氧氣供應與能量補給。我們所講人體內的「生化工廠」，得到良性運作，讓人變得健康年輕，精力充沛。

並且，不需要特殊的場地，昂貴的裝備，靜功的練習有二尺空地足矣，對服裝穿戴無特殊要求，不會引起運動傷病。所以由運動原理、運動效果、安全保障、經濟成本和便捷程度的綜合比較，或從任何一方面進行單一比較，

太極拳都是最為優秀的有氧運動。

　　楊式太極拳這種運動形式與效果的獨特，與古老的道家修煉方式和中醫經絡學，有著密不可分的關係。這些古老知識的匯總，讓太極拳在一切有氧運動中獨樹一幟——改肌肉運動為內臟運動與骨骼運動，讓人體從內到外變得強壯。

　　這是中國內功、內家拳的獨到之處。到今天，我們也無法用現代科學完全解釋其中的道理，比如我們還不能解釋「煉精化氣」和「煉氣還神」到底是怎樣一個具體的流程，但我們可以發現，中國的古人懂得用氣的修煉，去參與、去改變人體內的化學反應及分泌的方法，用這些方法使人的身體獲得健康，心靈得到安寧，生命得到能量補充。這些方法，就是中國獨有的內功。

楊式太極拳「築基功」

築基功

　　築基功，顧名思義，夯築基礎之功法。練習太極拳如果不懂築基功，不學築基功，不練築基功，可以說完全不懂太極拳。築基有三重意義：

　　第一是懂身法，身法不懂，練拳就可能有害無益。常有拳友問：為什麼練太極拳練壞了膝蓋？有經驗的拳師會告訴你：不是太極拳練壞了膝蓋，是你練壞了太極拳。很多人因為不懂身法，身體出現各種運動傷害，歸咎於太極拳，這真是天大的冤枉。

　　簡而言之，身法是站樁打拳時從頭到腳對身體各個部

位明確而清晰的綱領性要求，讓練習者有據可循，避免因練習而受傷，快速獲得健康和能力。比如我們之前講過的站樁，即是身法非常核心的一部分。

築基的第二重意義，是拳理。這個拳理並不是指太極拳非常深奧的理論，太極拳動功練的是什麼，靜功練的是什麼？這是最基本的對太極功夫的認識，太極拳再博大精深，也有其清晰的範圍，無論動功和靜功，超過這些範疇，就不再是太極拳了。

比如站樁時冥想宇宙星空，打拳時追求失重發力等，雖也能練出功夫，但這均不在太極拳之列。

築基的第三重意義，也就是我們要講的築基功。練習築基功的目的，是為了強壯五臟，這與強調肌肉訓練，並試圖以肌肉運動加強臟腑功能的鍛鍊方法完全不同。一個肌肉強健的運動員，因臟腑原因猝然倒下的例子屢見不鮮，而依內家拳之理，對身體進行由內及外的改造，使五臟先變得健康，讓人體內幾大「生化工廠」供需平衡，正常生產，基礎健康就隨之而來，其他的運動和練習，均會事半功倍。

所以楊式太極拳第四代傳人中的董英傑先生說：「得太極拳之理後，舉重摔跤，拍球賽跑，隨意可也，不必禁忌。」講的即是此中道理。

以上三者，合成築基，是以《三十二目》開篇為「八門五步」。全文曰：「掤南、捋西、擠東、按北、採西北、 東南、肘東北、靠西南——方位。坎、離、兌、震、巽、乾、坤、艮——八門。

方位八門乃為陰陽顛倒之理……

五行：進步火、退步水、左顧木、右盼金、方位之中土也。

夫進退為水火之步，顧盼為金木之步，以中土為樞機之軸，懷藏八卦，腳跐五行，手步八五，其數十三，出於自然。十三勢也，名之曰『八門五步』。」

作為楊式太極拳《三十二目》開篇之作，其內容主要講解了拳架方位的練習，四正、四隅之勁法的重要性；在五步進退的太極十三式身法論述時，加上了金、木、水、火、土，又稱五行。

五、八併十三這三個數字，在中國古代最基本的哲學概念與邏輯方法中，又稱易學，為中國文化之源。儒、道、醫、兵、史等百家，必須用五行八卦之理推演所學，武術理論也概莫能外。一直到民國時期，太極拳拳理論證中，推論太極拳是否符合易學的篇幅，遠大於論證其與運動生理學的吻合之處。

現代人已經很難理解陰陽五行對中國古人的重要性，在學習時，也習慣接受現代科學辭彙，以及標準邏輯學的演繹。所以《三十二目》古譜雖然已經是對道家理論的高度凝練，但現代人面對這些五八十三的易數，很容易迷惑。

筆者恩師楊振基大師對古譜解釋都很簡單，比如對五行的解釋也只是一句話，即五臟、五肢、五官。把拳架功夫、技擊功夫和靜功修煉，結合五行理論，以五臟的修煉來開始練功，是楊式太極拳一大特點。以五臟壯五肢、養

夏
火
呵
南

春木噓東　　　　西金呬秋

北
水
吹
冬

吸　　　　呼

土中央

太極四時五氣解

五官，使健身和內力同步修煉，也是楊式太極拳特有的鍛鍊方法。

楊式太極拳修煉五臟的功夫，在《三十二目》中叫作「四時五氣解」，「四時五氣解」的具體練法，即築基功。

中國是一個有五千年神秘文化的古國，尤其道家文化更是增加了種種神秘的符號和代號。太極拳起源於道家，《三十二目》的作者已不可考，但其中有「張三豐承留」「張三豐以武事得道論」等篇，這直接表明了此《三十二目》文本和太極拳一樣，均出自道家。

更需說明的是某些功法至今仍被道家作為重要的修身養性功法在修煉，只是單獨修煉時又加了些簡單動功以示和太極拳的區別。

《三十二目》「四時五氣解」圖短短21個字和一個道家的陰陽圖符號，卻是楊式太極拳修煉五臟的功法。

道家修煉、中醫學、氣功、楊式太極拳均認為人體健康的基礎最重要的是五臟的健康，現實生活中太極四時五氣解常人最多的疾病也多生於五臟。簡單地說人類生命平均年齡的長短也取決於五臟的健康。

　　五臟，道家修煉和傳統中醫習慣稱心、肝、脾、肺、腎，而道家的五行標例順序為金、木、水、火、土。兩者生克順序並不對稱，再加上四季方向，皆不對應。楊式太極拳練功順序應如下表：

楊式太極拳練功順序

土生金	金生水	水生木	木生火	火生土
脾	肺	腎	肝	心
口	鼻	耳	目	舌
中	西	北	東	南
四季	秋	冬	春	夏

　　太極拳運用的五行與氣功、中醫的五行多有相通之處。中醫的五行是根據四季氣候變化的自然之氣，結合人體相應的內氣，用藥物和飲食調整生剋之理，保持人體的陰陽平衡，來達到健康的目的。

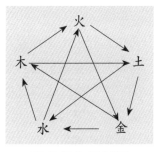

五行相生相剋圖

五行五方五臟五官圖

　　太極拳的五行是根據人體運動呼吸時內氣的不同走向和經絡穴位之間的運行規律，促動人體內部氣血循環，依據五行相生、相互依賴來鍛鍊五臟的健康和促進病灶的修

復，以增長拳術的功力和內力，來達到養生、健身和技擊的目的。

「高樓萬丈平地起，靠的是基礎的堅實。」太極拳前輩大師把五臟的修煉稱為築基功，認為五臟生五官、連五肢（習慣稱呼為四肢，太極拳功夫修煉把頭部作為一肢，認為心腦相通，故稱五肢），是習武之人必修之功。

築基功修煉方法

呼吸：人的呼吸有兩種呼吸方式，一是胸式呼吸，二是腹式呼吸。

胸式呼吸是人類正常的呼吸方式。築基功採用腹式呼吸，建立腹部堅實點，取代習慣性胸部緊張點，是太極拳內功修煉重中之重，也是各派武術內功之精髓。掌握呼吸所產生之反動力，來加強腹部堅實點的建立，是太極內功修煉的真諦。

腹式呼吸又分為順腹式呼吸和逆腹式呼吸兩種呼吸方式。順腹式呼吸也稱自然式呼吸，順腹式呼吸吸氣時，著力部位在腹部，先是橫膈膜下降，腹壁外脹造成胸廓擴大，外界空氣便壓入肺部而完成吸氣。呼氣時腹壁鬆回原位，橫膈膜也回升，於是肺部貯氣便被壓出體外，而完成呼氣。這為順腹式呼吸。

逆腹式呼吸也稱反自然式呼吸。太極拳內功修煉有一定功夫後，吸氣時有意使腹壁內壓，呼氣時有意使腹壁脹大，其腹部運動與順腹式呼吸剛好相反。應該注意的是逆

腹式呼吸運用不當，會產生弊病，傷害身體。前輩大師多有強調，練功應在有一定功夫後，在導師指導下，再練逆腹式呼吸。

太極拳築基功階段一般採用順腹式呼吸，先呼後吸，呼氣時讀字，並用耳朵細聽自己的呼聲，同時提肛收臀（二陰微提）。至於吸氣時，可順其自然，因大氣壓與肺部壓力關係，呼出多少濁氣，自然吸入多少新鮮空氣，這就是順乎生理的自然式呼吸。

呼字功

《三十二目》「四時五氣解」把「土」定向為「中」，是築基功首練之功。

呼字功

「土」《三十二目》「四時五氣解」占字「呼」，主內斂之氣。對應丹田穴，真氣運行為足太陰脾經（圖4-1），兼濟四季，理平衡之氣。脾（胃）屬土，有敦厚之勢。中醫稱脾為後天之本，脾主四肢肌肉，其力大無窮。

足太陰脾經二十穴位：

1. 隱白　　2. 大都　　3. 太白　　4. 公孫　　5. 商丘
6. 三陰交　7. 漏谷　　8. 地機　　9. 陰陵泉　10. 血海
11. 箕門　12. 衝門　13. 府舍　14. 腹結　15. 大橫
16. 腹哀　17. 食竇　18. 天谿　19. 胸鄉　20. 周榮
21. 大包

呼字功練功法：

按無極勢或抱腹式站立進入靜功狀態後，默念發聲對

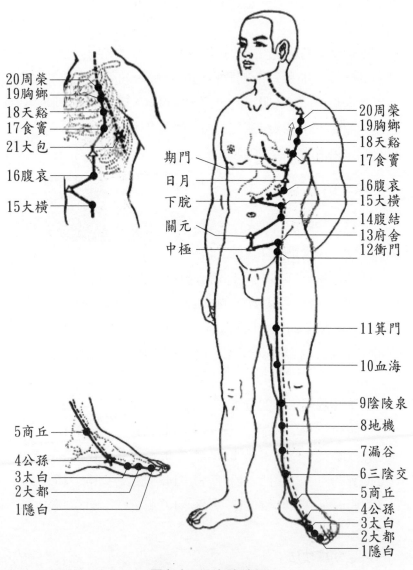

20周榮
19胸鄉
18天谿
17食竇
21大包
16腹哀
15大橫

5商丘
4公孫
3太白
2大都
1隱白

期門
日月
下脘
關元
中極

20周榮
19胸鄉
18天谿
17食竇
16腹哀
15大橫
14腹結
13府舍
12衝門

11箕門

10血海

9陰陵泉
8地機
7漏谷
6三陰交
5商丘
4公孫
3太白
2大都
1隱白

圖4-1　足太陰脾經

口型，口中念「呼」字（念時只對口型切莫出聲，出聲反損內氣），開竅為口，意念注意心窩部（即胃區），念到腹內氣盡（指腹內氣不能出時），然後用鼻微微吸入空中新鮮空氣，肺部要吸滿（吸至不能再吸）。

呼氣時，橫膈膜向下，意念緩緩送入丹田部位，如此反覆往返調息。意念氣不離神、神不離氣，直達無呼無吸狀態，功夫至此為入靜。

此為楊式太極拳築基功功夫始成之法。呼字功的修煉，給脾胃增加熱量。這對脾胃虛寒、消化不良的病症效果顯著。

脾臟，位於道家修煉和傳統中醫所講三焦中的中焦，胸膈膜下方。其作用是幫助胃產生胃液，對食物進行消化。道家修煉和傳統中醫講「其志為思，生液為涎」，主理全身肌肉四肢之力量。脾和胃互為表裡。脾在人體主升清功能，所謂升清，是提升之升。脾臟透過產生胃液，幫助胃把營養物質，如穀物、菜蔬、水液等人體必需的三餐食物，消化吸收，上輸於頭、腦、耳、目等器官，並透過心、肺的作用升化氣血，達營養全身的功效。在人體生命中稱「後天之本」。

許多患胃病久治不癒者，經呼字功鍛鍊，很快痊癒。筆者早年曾結識一胃下垂拳友，用呼字功鍛鍊，半月後食慾增加，三個月後檢查，下垂的胃有了很大程度的恢復，再加上太極拳動功鍛鍊，現在已成為一個很健康的拳師。

呬字功

呬字功

太極拳築基功階段，要求習練者循環而
進。呼字功鍛鍊取得一定功效後，按五行相
生，土生金（呼生呬），應進入呬字功的練習。

「金」在《三十二目》「四時五氣解」中占向為西，
占字「呬」，主收斂之氣，對應夾脊穴，真氣運行為手太
陰肺經（圖4-2），營秋季。道家修煉和傳統中醫認為肺
屬金，金有從革之能。

手太陰肺經十一穴位：

1. 中府　2. 雲門　3. 天府　4. 俠白　5. 尺澤　6. 孔最
7. 列缺　8. 經渠　9. 太淵　10. 魚際　11. 少商

肺是人體每時每刻離不開的呼吸器官。其位於人體胸
部兩側。按人體五臟在人體的排列，居人體五臟最高位
置，故道家修煉和傳統中醫稱之為「華蓋」。有五臟器官
排列中蓋冠絕頂之意。

道家修煉和傳統中醫又稱肺主氣、司呼吸，認為人的
一身之氣均來源於肺。楊式太極拳譜「大小太極解」中
「太極練法，以心行氣」太極練功「氣沉丹田，丹田為
氣總機關。由此分運四體百骸，以氣周流全身，意到氣
至。」一篇「大小太極解」句句講到氣。

楊式太極拳認為人體經絡真氣的流動，離不開道家修
煉和傳統中醫所講的「宗氣」，即呼吸之氣的調節、催
動。而呼吸之氣的動力源——宗氣的生成，即來自人體
的肺器官。

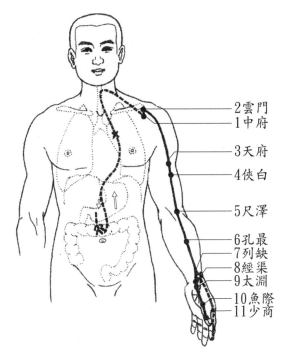

2雲門
1中府
3天府
4俠白
5尺澤
6孔最
7列缺
8經渠
9太淵
10魚際
11少商

圖4-2　手太陰肺經

呬字功練功法：

按無極勢或抱腹式站立，默念發聲對口型念「呬」（ㄒㄧ）（又念ㄒㄧˋ，五音配商念ㄒㄧㄚˋ，《三十二目》「四時五氣解」鍛鍊中念「嘶」），走意念為肺區，開竅於鼻。默念到腹內氣盡（指腹內氣不能出時）。念時只對口型切莫出聲，出聲損內氣。然後用鼻微微吸入新鮮空氣，肺部要吸滿（吸至不能再吸）。呼氣時，橫膈膜向下，用意念緩緩送入丹田部位，如此反覆調息。意念氣不離神、神不離氣，達無呼無吸狀態，漸漸入靜。此練功調息法和呼字功基本相同。

由於呼吸加強了肺的收縮功能，可以幫助肺排除痰涎，增強吐故納新，防止了肺細胞的萎縮。肺氣的加強也對整個人體的吸收排泄，神經系統的緊張緩和，血管的舒縮，臟腑功能的制約、依存，動靜的互生，陰陽平衡等，有著明顯的改善。

鍛鍊中如仍感肺氣虛弱，應補練呼字功，中醫五行相生認為土能生金，脾生肺，太極拳築基功稱此為「培土生金」。

吹字功

太極拳築基功階段，要求習練者循序而進。呬字功鍛鍊取得一定功效後，按五行相生，「金生水」（呬生吹），應進入吹字功的練習。

吹字功

「水」在《三十二目》「四時五氣解」中占向北，占字「吹」，主「下降之氣」，對應「印堂穴」，真氣運行為足少陰腎經（圖4-3），營冬季。道家和中醫認為腎屬水，水有潤下之功。

足少陰腎經二十七穴位：

1. 湧泉	2. 然谷	3. 太谿	4. 大鐘	5. 水泉
6. 照海	7. 復溜	8. 交信	9. 築賓	10. 陰谷
11. 橫骨	12. 大赫	13. 氣穴	14. 四滿	15. 中注
16. 肓俞	17. 商曲	18. 石關	19. 陰都	20. 通谷
21. 幽門	22. 步廊	23. 神封	24. 靈墟	25. 神藏
26. 彧中	27. 俞府			

腎臟是和人的生命直接關係的器官，《黃帝內經》首

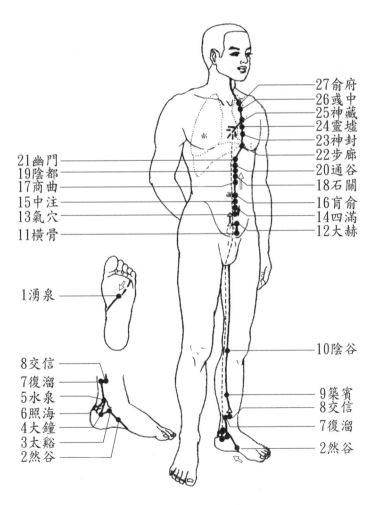

圖4-3　足少陰腎經

篇《上古天真論篇第一》認為：

女子7歲時腎氣就開始旺盛，牙齒更換，頭髮生長旺盛；到14歲時，能促進生殖功能的物質——天癸開始成熟。任脈順暢，衝脈旺盛，月經按時來潮，因而具有生殖能力；21歲時，腎氣平和充盈，智齒長出，牙齒長齊了；28歲時筋骨強勁，頭髮的生長也達到最旺盛的時段，這時身體最健壯；35歲時，陽明經脈的血氣逐漸衰竭，面容開始枯槁，頭髮開始脫落；42歲時，三陽經脈氣血衰竭，面容完全枯槁，頭髮開始脫落；49歲時，任脈氣血衰弱，衝脈的氣血也虛弱了，天癸乾枯，月經斷絕，因此形體衰弱，喪失生育能力。

男子8歲時，腎氣充實，頭髮開始濃密，也已更換牙齒；16歲時，腎氣開始旺盛起來，天癸開始成熟，精氣充盈，兩性相交，就可以生兒育女；24歲時，腎氣平和充盈，筋骨強勁，智齒長出，牙齒長齊；32歲時，筋骨豐隆強健，筋肉也飽滿壯實；40歲時，腎氣衰弱，開始掉髮，牙齒也開始衰落；48歲時，人體上部陽明經氣漸漸衰絕，面部枯槁，兩鬢開始變白；56歲時，肝氣衰弱，筋脈遲滯，天癸乾枯，精氣減少，腎臟衰弱，精神形體均衰老；64歲時，牙齒頭髮都已脫落。

腎臟具有調節水液的功能，稟受並儲藏其他臟腑的精氣。因此，五臟功能旺盛，腎氣才能有精氣排泄。

男子年老後，五臟的功能都衰退，筋骨衰弱無力，天癸枯竭，所以會頭髮蒼白，身體沉重，腳步不穩，也無法生兒育女了。

中國古人詳細、客觀、科學地揭示了人類生長衰老的自然規律，並強調腎氣在人的整個生命活動中的重要作用，指出了人類生、長、衰、老、壽、夭及生育功能取決於腎氣的盛衰。正是參悟古人葆精養神，從而獲得健康長壽的理論，楊式太極拳內功修煉首篇「四時五氣解」，將腎臟的鍛鍊立為「先天之本」。

吹字功練功法：

按無極勢或抱腹式站立，進入功態後，默念發聲對口型「吹」（ㄔㄨㄟ），意念注意腹後壁脊柱兩側腎與命門，開竅為耳。調息運氣方法和以上呼字功、呬字功相同。

按五行相生之順序，腎為水，金生水，呬字功有一定功效後，即做吹字功以補腎氣。道家修煉和傳統中醫認為腎主藏精，為發育生殖之源，並主骨生髓通於腦，司五液以維持體內水液代謝的平衡，被稱為先天之本。

命門附於腎，道家和傳統中醫認為命門為藏精之所，元氣之舍，男子以此藏精，女子以此繫胞。其氣與腎通，而腎間動氣為生氣之源，是五臟六腑之根本，十二經脈之根，呼吸之門，三焦之源。如腎水枯則命門衰竭，人的生命自行結束。

太極拳築基功用吹字功以固腎，肺為腎之母，肺為金，金生水，腎水虧損、腎氣不足除加強吹字功練習，還可以回練呬字功，補充腎水。

噓字功

噓字功

吹字功鍛鍊取得一定功效後，按五行相生，「水生木」（吹生噓），應進入噓字功的練習。

「木」在《三十二目》「四時五氣解」中占向東，對應會陰穴，字為「噓」，主「發散之氣」，真氣運行為足厥陰肝經（圖4-4），營春季。

足厥陰肝經十四穴位：

1. 大敦　2. 行間　3. 太衝　4. 中封　5. 蠡溝

6. 中都　7. 膝關　8. 曲泉　9. 陰包　10. 足五里

11. 陰廉　12. 急脈　13. 章門　14. 期門

肝臟位於人體的腹部，右橫膈之下，肋骨之內。道家和傳統中醫稱肝臟為「魂之所，血之藏，筋之宗」。楊式太極拳「四時五氣解」和道家、傳統中醫的五行學說排列肝為木，開竅為目。中醫又稱肝「在志為怒」，在液為淚，故形容極度悲憤有「肝腸寸斷」之句。肝與膽互為表裡，故又有詞「肝膽相照」。肝又是人體的「垃圾處理場」「衛生防疫站」，此是指肝在人體的疏泄功能。

疏泄顧名思義為疏通、宣洩，主要表現是肝能調整人體整體氣機的升降。肝部疏泄功能是否正常，直接影響著人體氣機是否順暢和經絡是否通利。氣血之間的調和，五臟六腑之間活動的相互協調配合，均取決於肝的疏泄功能。

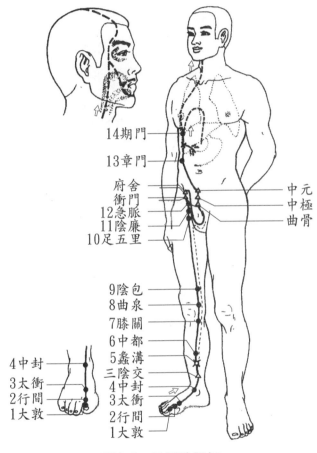

圖4-4　足厥陰肝經

噓字功練功法：

按無極勢或抱腹式站立，默念發聲對口型「噓」（ㄒㄩ），意念注意右肋下，走穴位肝，開竅為目。五行相生，水生木，吹字功有一定功效後，即練「噓」字功，以補充肝經之氣。

　　調息練功方法和呼字功、呬字功、吹字功基本相同。不同的是練噓字功需把眼睛睜開，因噓字功開竅為目，練噓字功時需瞪眼內視，時間稍長，眼有氣感。初時發脹，有時會刺痛、流淚，隨著功力增長，眼睛明亮，視力提高。

　　「噓」字功不但對多種眼疾有治療作用，凡是肝病引起的消化不良、兩目乾澀、肝腫大、肝火、肝虛、性格狂妄暴躁易怒、大便乾燥、小便塞閉、女性子宮下垂、月經不調等病症，噓字功均可減輕症狀或痊癒。

　　有肝病的患者習練時應注意虛實之分。

　　肝實症主要表現為：胸肋脹滿、陽氣上逆、性格易怒、頭痛不止、大小便不通、疝氣腫痛，時有驚厥。肝實症除了練噓字功打通肝經，還應按五行相生，木生火，火為木之子。火為「呵」字，火大時可練呵字功瀉之。

　　肝虛症主要表現為：失眠、時而嘔吐、嗌乾、乏力、大便稀薄、小便失禁、陽痿，女性有子宮下垂、月經不調等。肝虛症患者除了練噓字功打通肝經，按五行相生，水生木，水為木之母，水為「吹」，可回練吹字功補之。

呵字功

呵字功

　　噓字功鍛鍊取得一定功效後，按五行相生，「木生火」（噓生呵），應進入呵字功的練習。

　　「火」在《三十二目》「四時五氣解」中占向為南，占字「呵」（ㄎㄜ），主「上延之氣」，對應膻中穴，真

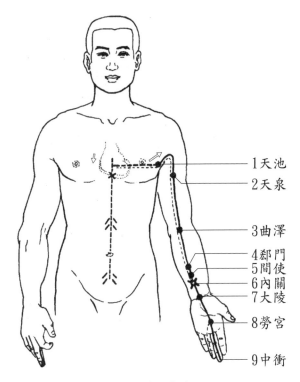

1 天池
2 天泉
3 曲澤
4 郄門
5 間使
6 內關
7 大陵
8 勞宮
9 中衝

圖4-5　手厥陰心包經

氣運行為手厥陰心包經（圖4-5），營夏季。道家修煉和中醫認為心屬火，火有炎上之象。

手厥陰心包經九穴位：

1. 天池　2. 天泉　3. 曲澤　4. 郄門　5. 間使

6. 內關　7. 大陵　8. 勞宮　9. 中衝

心居於人體胸腔橫膈膜之上。道家和傳統中醫認為心為「神所居，血之主」，故有辦大事用「耗盡心血」之說。心是人脈之根，道家、傳統中醫和楊式太極拳「四時

五氣解」五行學說排列心為火。

心臟是人體生命的主宰，心臟在人體的生理功能一主血脈、二主神志。楊式太極拳「四時五氣解」心開竅於舌。道家和傳統中醫又認為心「在液為汗，在志為喜」。

中醫又認為血和脈在人體是分而行之。心主血的作用，全身的血隨脈動而行，其動力來源是心臟的搏動，血流隨脈搏而達全身。脈指血脈，又稱經脈，道家和傳統中醫又稱脈為「血之府」。脈管又是血液的流行通道，脈管是否通順，營氣和血液的功能是否健全，心臟力量的搏動起著關鍵的作用。

心臟搏動力量的大小，來自於心氣，只有氣血充沛才能保持正常的心力。心力正常才能維護心率和心律的正常，心率和心律的正常運行是促動血液在脈管流動的力量源，當然血液的正常運行也必須有血液的充盈。

心又主神志，神志又稱神明。楊式太極拳內煉功夫，煉精化氣、煉氣化神，並認為神氣相連。

神又有廣義、狹義之分，廣義的神指人體生命外觀表現，如精神，通常也指神氣。狹義的神指神態，指人的精神意識，又稱思維活動。

道家修煉和傳統中醫稱此為心腦相通，並認為人的生理功能與心主血脈的功能息息相關。只有心血足才是人體生命的物質基礎。

呵字功練功法：

身體按抱腹式或無極勢站立，進入功態後默念發聲對口型「呵」（ㄎㄜ），意念注意胸口，走穴為心，開竅為

舌。調息運氣方法和以上呼字功、呬字功吹字功、噓字功相同。

　　按太極拳築基功，五行相生，火生土，練呵字功可瀉心火。練吹字功可補腎水，心腎相交、水火相濟更易見功效。

　　太極拳築基功配合行拳走架的修煉，若無特殊大病，百日左右五臟均有較大改觀，人的外在形體隨著內臟變化也會發生相應的變化。肥胖者變得肌肉結實，瘦弱者變得筋骨飽滿。五臟帶動五官、皮膚、毛髮，包括眼神，均顯示健康之態，精神上可稱氣定神閑。

　　在養生、健身、長壽方面，太極拳築基功顯現出了明顯的優勢，也是單練太極操、太極舞無法比擬的。作為太極拳「功夫」修煉者，在築基功的基礎上，應進入更深層次的修煉，即被前輩大師稱為太極拳「入門之功」的無極功。

五字訣
示範講解

第 五 章

楊式太極拳
無極功

無極功概述

道家和傳統中醫認為，人體的健康取之於陰陽、虛實的平衡，虛實的平衡正常表現應該為上虛下實。可是在生命生長的過程中，常常是心火、肝火、肺火等五臟之炎火上燃。而腎水、膽液下漾，是心腦血管、肺、胃等器官疾病的生病之源。道家和傳統中醫認為人體上實下虛、陰陽失衡是致病關鍵。

楊式太極拳「太極陰陽顛倒解」詳解了水火上下的關係，而且強調了必須火在下、水在上，把人體生命常規的生長過程顛倒過來。這正是道家修煉常講的「順則為人，逆則成仙」，而上下顛倒水不浸火，治至之法則為「鼎」，即丹田。楊式太極拳「大小太極解」強調「太極練功沉肩墜肘，氣沉丹田（水入鼎），丹田為氣總機關，由此分運四體百骸，以氣周流全身。」楊式太極拳把強身健體、制敵保身的基本功夫始終建立在氣的吐納、導引、煉丹中。這優於道家其他健身氣功。

楊式太極拳前輩大師雖非常重視「四時五氣解」的修煉，把其稱為「築基功」，作為必修之功，可還是把築基功當作太極拳術門外之功，認為築基功練得再好，也不能算會了太極拳，而太極拳的入門功夫是「無極功」。

什麼是太極拳的無極功？

讓我們看一下楊式太極拳內功心法《三十二目》第17篇「太極陰陽顛倒解」。

陽：乾、天、日、火、離、放、出、發、對、開、臣、肉、用、氣、身、武、立命、方、呼、上、進、隅。

陰：坤、地、月、水、坎、卷、入、蓄、待、合、君、骨、體、理、心、文、盡性、圓、吸、下、退、正。

蓋顛倒之理，水、火二字詳之，則可明。如火炎上，水潤下者，水能使火在下而用。水在上，則為顛倒。然非有法治之，則不得矣。

辟如水入鼎內，而置火之上，鼎中之水，得火以燃之，不但水不能下潤，藉火氣，水必有溫時。火雖炎上，得鼎以隔之，是為有極之地，不使炎上之火無止息，亦不使潤下之水永滲漏。此所為水火既濟之理也，顛倒之理也。

若使任其火炎上，水潤下，必至火、水必分為二，則為火水未濟也。故云分而為二、合之為一之理也。故云：一而二，二而一，總斯理為三，天、地、人也。

明此陰陽顛倒之理，則可與言道；知「道不可須臾離」，則可與言人；能以人弘道，知「道不遠人」，則可與言天地同體。上，天；下，地；人在其中矣。

苟能參天察地，與日月合其明，與五嶽四瀆華朽，與四時之錯行，與草木並枯榮，明鬼神之吉凶，知人事興衰，則可言乾坤為一大天地，人為一小天地也。

夫如人之身心，致知格物於天地之知能，則可言人之良知、良能。若思不失固有，其功用，浩然正氣，直養無害，攸久無疆矣。

所謂人身生成一小天地者，天也，性也；地也，命

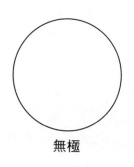

無極

也；人也，虛靈也，神也。若不明之者，烏能配天地為三乎？然非盡性立命、窮神達化之功，胡為乎來哉！

太極拳是聰明人的拳，是文化人的拳。一篇「太極陰陽顛倒解」僅有440多字，把陰陽對立統一、水火相生、相剋、相濟，水火顛倒、陰陽顛倒等氣功、內功秘笈講述得細緻入微。

這些道理是普通氣功師、傳功師講上數年、寫出巨著卻說不清的大道、正道。

什麼是無極？王宗岳《太極拳論》：「太極者無極而生，陰陽之母也。」這句被多名太極前輩大師奉為經典的論述，直接闡明了無極和太極的關係。

筆者所居為古趙都邯鄲，是五大太極流派中楊、武兩大支發源地。在太極發展史上，楊、武兩支有著血濃於水的傳承關係，其功法理論多有交融。

已故武式太極拳大師郝少如先生曾著文論述「無極與太極」，明確講述到，無極是表示事物的靜止狀態，沒有陰陽之分。太極是表示事物的運動狀態，有陰陽二氣。靜止和運動是相對的，因此陰陽是從無到有，即由無極至太極。而無極雖然沒有陰陽之分，卻須是陰陽混合一體。太極拳必須在這樣的靜止狀態下，才能進行其特定的運動。習者在運動之氣周身須達於通暢、飽滿而又聯成一氣的預動勢，全身如靜止的氣球一般。

　　周身達此狀態，一動勢才能分出陰陽，產生太極之勁。如果習者的周身出於散亂的狀態，便不能進入周身一體的整裝待動勢，意識就不能對其產生高級的能動作用，太極運動便無法產生。這樣進行的運動只能是外形的、散亂的和局部的，而不是整體的和內外統一的。所以沒有無極為基礎，就沒有太極的誕生之地。

　　太極拳藝由於陰陽的運無極轉而變化無窮。它由靜止到運動（*即無極到太極*），再由運動到靜止（*即由太極回到無極*）。這樣的動靜過程不斷往復循環：一動由無極產生太極，而分為陰陽二氣；一靜則由太極回到無極狀態，而陰陽二氣合一。即所謂「動之則分，靜之則合」，太極拳運動始終遵循這一規律。前輩大師對無極與太極關係的論述為我們指出了太極拳的正確練法。

　　嚴格地講，太極拳內功「無極功」的修煉是利用人體十四經絡、三百六十一穴位，對精、氣、神全面調整和對先天之氣重新修補的「顛倒」功法，而首先修煉的是任督二脈。

　　打通任督二脈，即《三十二目》「太極陰陽顛倒解」所講，使人體水火相濟，是所有氣功、武術內功走向健康長壽和技擊功夫的必經之路，也是必練之功，太極拳對此功夫的修煉更是重中之重。

楊式太極拳經絡、穴位圖

　　前輩大師傳太極拳內功，任脈二十四穴位（圖

5-1），督脈二十八穴位（圖5-2）。練功中由任、督二脈帶動十二經分別為：

足太陰脾經二十一穴位（圖5-3）

手太陰肺經十一穴位（圖5-4）

足少陰腎經二十七穴位（圖5-5）

足厥陰肝經十四穴位（圖5-6）

手厥陰心包經九穴位（圖5-7）

手陽明大腸經二十穴位（圖5-8）

手少陽三焦經二十三穴位（圖5-9）

手太陽小腸經十九穴位（圖5-10）

手少陰心經九穴位（圖5-11）

足陽明胃經四十五穴位（圖5-12）

足少陽膽經四十四穴位（圖5-13）

足太陽膀胱經六十七穴位（圖5-14）

總為三百六十一穴位。

一、任脈（圖5-1）

任督二脈

任脈二十四穴位：

1. 會陰　　2. 曲骨　　3. 中極　　4. 關元

5. 石門

6. 氣海　　7. 陰交　　8. 神闕　　9. 水分　　10. 下脘

11. 建里　12. 中脘　13. 上脘　14. 巨闕　15. 鳩尾

16. 中庭　17. 膻中　18. 玉堂　19. 紫宮　20. 華蓋

21. 璇璣　22. 天突　23. 廉泉　24. 承漿

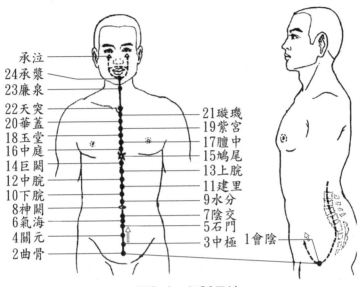

圖5-1　任脈承泣

二、督脈（圖5-2）

督脈二十八穴位：

1. 長強	2. 腰俞	3. 腰陽關	4. 命門	5. 懸樞
6. 脊中	7. 中樞	8. 筋縮	9. 至陽	10. 靈台
11. 神道	12. 身柱	13. 陶道	14. 大椎	15. 啞門
16. 風府	17. 腦戶	18. 強間	19. 後頂	20. 百會
21. 前頂	22. 囟會	23. 上星	24. 神庭	25. 素髎
26. 水溝	27. 兌端	28. 齦交		

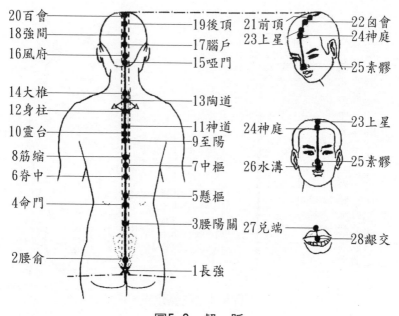

圖5-2 督 脈

三、足太陰脾經（圖5-3）

足太陰脾經二十一穴位：

1. 隱白　　2. 大都　　3. 太白　　4. 公孫　　5. 商丘

6. 三陰交　7. 漏谷　　8. 地機　　9. 陰陵泉　10. 血海

11. 箕門　12. 衝門　13. 府舍　14. 腹結　15. 大橫

16. 腹哀　17. 食竇　18. 天谿　19. 胸鄉　20. 周榮

21. 大包

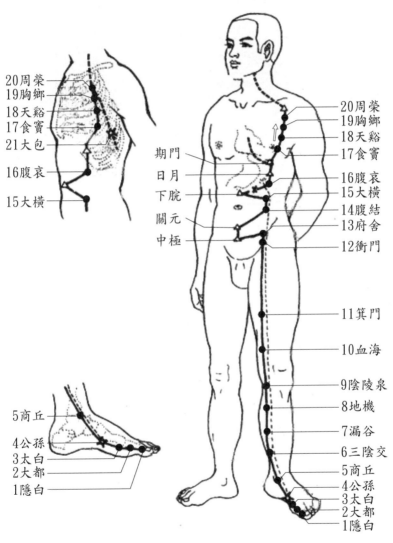

20周榮
19胸鄉
18天谿
17食竇
21大包

16腹哀

15大橫

期門
日月
下脘
關元
中極

5商丘

4公孫
3太白
2大都
1隱白

20周榮
19胸鄉
18天谿
17食竇

16腹哀
15大橫
14腹結
13府舍
12衝門

11箕門

10血海

9陰陵泉
8地機
7漏谷
6三陰交
5商丘
4公孫
3太白
2大都
1隱白

圖5-3　足太陰脾經

四、手太陰肺經（圖5-4）

手太陰肺經十一穴位：

　1. 中府　2. 雲門　3. 天府　4. 俠白　5. 尺澤

　6. 孔最　7. 列缺　8. 經渠　9. 太淵　10. 魚際

11. 少商

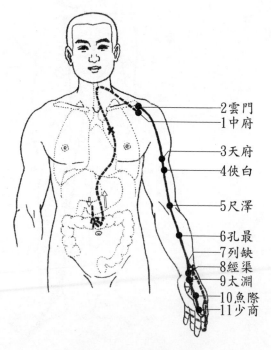

圖5-4　手太陰肺經

五、足少陰腎經（圖5-5）

足少陰腎經二十七穴位：

1. 湧泉　　2. 然谷　　3. 太谿　　4. 大鐘　　5. 水泉

6. 照海　　7. 復溜　　8. 交信　　9. 築賓　　10. 陰谷

11. 橫骨　12. 大赫　13. 氣穴　14. 四滿　15. 中注

16. 肓俞　17. 商曲　18. 石關　19. 陰都　20. 腹通谷

21. 幽門　22. 步廊　23. 神封　24. 靈墟　25. 神藏

26. 彧中　27. 俞府

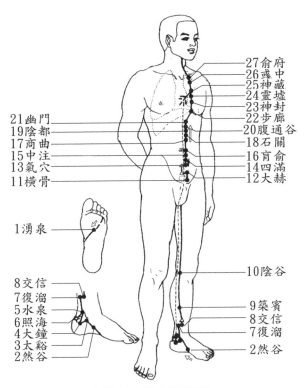

圖5-5　足少陰腎經

六、足厥陰肝經（圖5-6）

足厥陰肝經十四穴位：

1. 大敦　　2. 行間　　3. 太衝　　4. 中封　　5. 蠡溝

6. 中都　　7. 膝關　　8. 曲泉　　9. 陰包　　10. 足五里

11. 陰廉　　12. 急脈　　13. 章門　　14. 期門

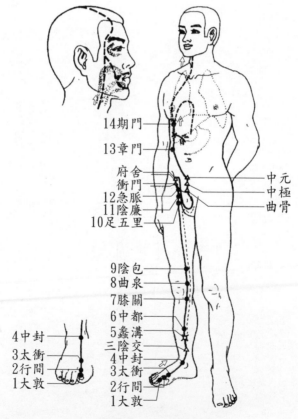

圖5-6　足厥陰肝經

七、手厥陰心包經（圖5-7）

手厥陰心包經九穴位：

1. 天池　2. 天泉　3. 曲澤　4. 郄門　5. 間使

6. 內關　7. 大陵　8. 勞宮　9. 中衝

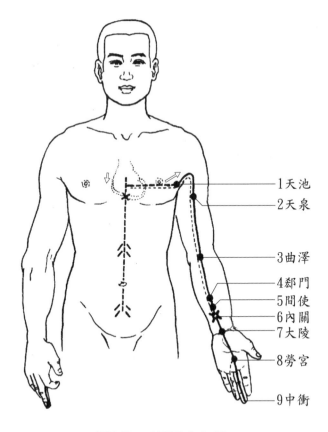

1天池
2天泉
3曲澤
4郄門
5間使
6內關
7大陵
8勞宮
9中衝

圖5-7　手厥陰心包經

八、手陽明大腸經（圖5-8）

手陽明大腸經二十穴位：

1. 商陽　　2. 二間　　3. 三間　　4. 合谷　5. 陽谿

6. 偏歷　　7. 溫溜　　8. 下廉　　9. 上廉　10. 手三里

11. 曲池　12. 肘髎　13. 手五里　14. 臂臑　5. 肩髃

16. 巨骨　17. 天鼎　18. 扶突　19. 口禾髎　20. 迎香

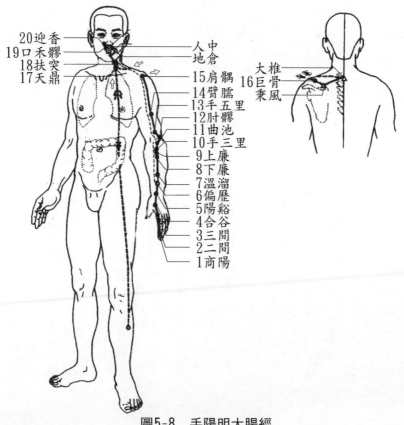

圖5-8　手陽明大腸經

九、手少陽三焦經（圖5-9）

手少陽三焦經二十三穴位：

1. 關衝　2. 液門　3. 中渚　　4. 陽池　　5. 外關

6. 支溝　7. 會宗　8. 三陽絡　9. 四瀆　10. 天井

11. 清冷淵　12. 消濼　13. 臑會　14. 肩髎　15. 天髎

16. 天牖　17. 翳風　18. 瘈脈　19. 顱息　20. 角孫

21. 耳門　22. 和髎　23. 絲竹空

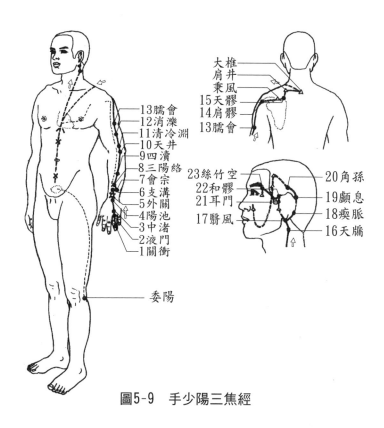

圖5-9　手少陽三焦經

十、手太陽小腸經（圖5-10）

手太陽小腸經十九穴位：

　1. 少澤　　2. 前谷　　3. 後谿　　4. 腕骨　　5. 陽谷

　6. 養老　　7. 支正　　8. 小海　　9. 肩貞　10. 臑俞

11. 天宗　12. 秉風　13. 曲垣　14. 肩外俞

15. 肩中俞　16. 天窗　17. 天容　18. 顴髎　19. 聽宮

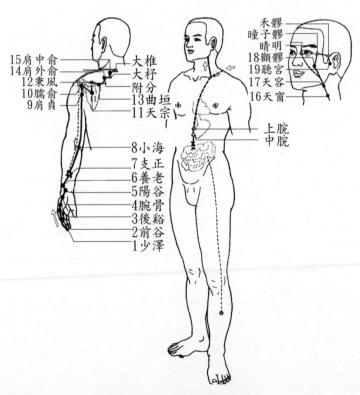

圖5-10　手太陽小腸經

十一、手少陰心經（圖5-11）

手少陰心經九穴位：

1. 極泉　2. 青靈　3. 少海　4. 靈道　5. 通里

6. 陰郄　7. 神門　8. 少府　9. 少衝

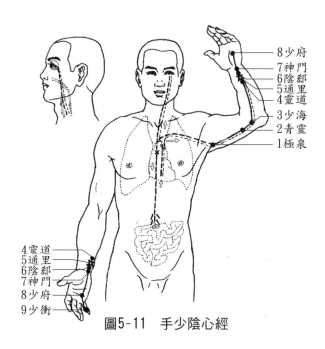

圖5-11　手少陰心經

十二、足陽明胃經（圖5-12）

足陽明胃經四十五穴位：

1. 承泣　　2. 四白　　3. 巨髎　　4. 地倉　　5. 大迎

6. 頰車　　7. 下關　　8. 頭維　　9. 人迎　　10. 水突

11. 氣舍　12. 缺盆　13. 氣戶　14. 庫房　15. 屋翳

16. 膺窗　17. 乳中　18. 乳根　19. 不容　20. 承滿

21. 梁門　22. 關門　23. 太乙　24. 滑肉門　25. 天樞

26. 外陵　27. 大巨　28. 水道　29. 歸來　30. 氣衝

31. 髀關　32. 伏兔　33. 陰市　34. 梁丘　35. 犢鼻

36. 足三里　37. 上巨虛　38. 條口　39. 下巨虛

40. 豐隆　41. 解谿　42. 衝陽　43. 陷谷　44. 內庭

45. 厲兌

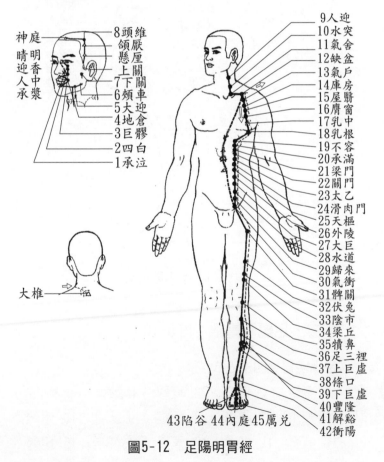

圖5-12　足陽明胃經

十三、足少陽膽經（圖5-13）

足少陽膽經四十四穴位：

1. 瞳子髎　2. 聽會　3. 上關　4. 頷厭　5. 懸顱

6. 懸厘　7. 曲鬢　8. 率谷　9. 天衝　10. 浮白

11. 頭竅陰　12. 完骨　13. 本神14. 陽白　15. 頭臨泣

16. 目窗　17. 正營　18. 承靈　19. 腦空　20. 風池

21. 肩井　22. 淵腋　23. 輒筋　24. 日月　25. 京門

26. 帶脈　27. 五樞　28. 維道　29. 居髎　30. 環跳

31. 風市　32. 中瀆　33. 膝陽關　34. 陽陵泉　35. 陽交

36. 外丘　37. 光明　38. 陽輔　39. 懸鐘　40. 丘墟

41. 足臨泣　42. 地五會　43. 俠谿　44. 足竅陰

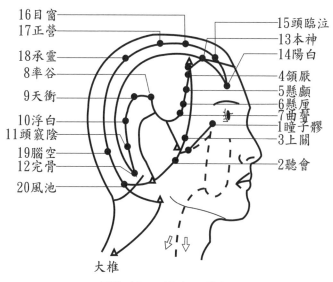

圖5-13a　足少陽膽經

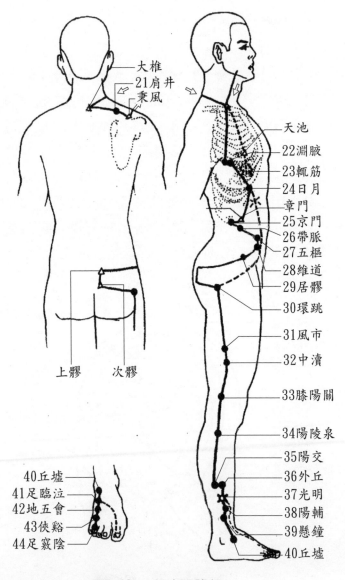

大椎
21肩井
秉風

天池
22淵腋
23輒筋
24日月
章門
25京門
26帶脈
27五樞
28維道
29居髎
30環跳
31風市
32中瀆
33膝陽關
34陽陵泉
35陽交
36外丘
37光明
38陽輔
39懸鐘
40丘墟

上髎　　次髎

40丘墟
41足臨泣
42地五會
43俠谿
44足竅陰

圖5-13b　足少陽膽經

十四、足太陽膀胱經（圖5-14）

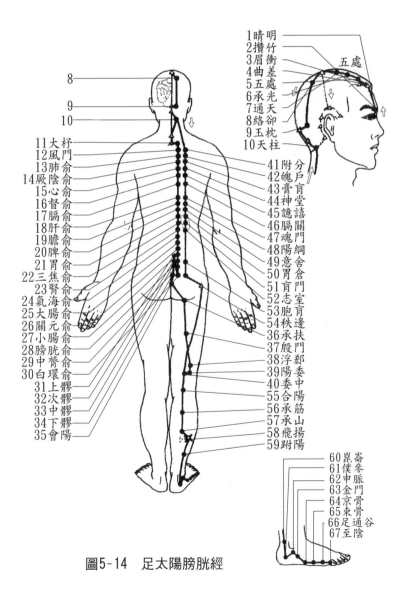

圖5-14　足太陽膀胱經

足太陽膀胱經六十七穴位：

1. 睛明　2. 攢竹　3. 眉衝　4. 曲差　5. 五處

6. 承光　7. 通天　8. 絡卻　9. 玉枕　10. 天柱

11. 大杼　12. 風門　13. 肺俞　14. 厥陰俞　15. 心俞

16. 督俞　17. 膈俞　18. 肝俞　19. 膽俞　20. 脾俞

21. 胃俞　22. 三焦俞　23. 腎俞　24. 氣海俞

25. 大腸俞　26. 關元俞　27. 小腸俞　28. 膀胱俞

29. 中膂俞　30. 白環俞　31. 上髎　32. 次髎

33. 中髎　34. 下髎　35. 會陽　36. 承扶　37. 殷門

38. 浮郄　39. 委陽　40. 委中　41. 附分　42. 魄戶

43. 膏肓　44. 神堂　45. 譩譆　46. 膈關　47. 魂門

48. 陽綱　49. 意舍　50. 胃倉　51. 肓門　52. 志室

53. 胞肓　54. 秩邊　55. 合陽　56. 承筋　57. 承山

58. 飛揚　59. 跗陽　60. 崑崙　61. 僕參　62. 申脈

63. 金門　64. 京骨　65. 束骨　66. 足通谷67. 至陰

其中，靜功築基功練功五經為：足太陰脾經、手太陰肺經、足少陰腎經、足厥陰肝經、手厥陰心包經。

動功和意念練功七經為：手陽明大腸經、手少陽三焦經、手太陽小腸經、手少陰心經、足陽明胃經、足少陽膽經、足太陽膀胱經。

靜功築基功五經和動功、意念練功七經合稱十二經。太極拳內功認為任督二脈也作為二經，故與十二經統稱十四經。

中醫學認為，經絡是由各個組織間隙大小不同的隧道所構成，如肌肉、筋骨、神經、血管、腺體等，既有嚴

密的分工，又有相互協調的作用。太極拳大師楊澄甫在
「太極拳術十要」中談經絡：

「蓋人身之有經絡，如地之有溝洫。溝洫不塞而水
行，經絡不閉則氣通。如渾身僵勁充滿經絡，氣血停滯，
轉動不靈，牽一髮而全身動矣。若不用力而用意，意之所
至，氣即至焉。如是氣血流注，日日貫輸，周流全身，無
時停滯，久久練習，則得真正內勁。」

這是太極拳行功走架與經絡、內功之間修煉關係最直
接的講述，應該說也是太極內功的秘中之秘。大師用最簡
潔的語言說明了太極拳、經絡和內功是不可分割的三位一
體。

太極拳「無極功」經絡意念運行

手太陰肺經（見圖5-4）→手厥陰心包經（見圖
5-7）→手少陰心經（見圖5-11）這三條經分佈在手臂的
內側，叫手三陰，屬裡，由胸走手。

手陽明大腸經（見圖5-8）→手少陽三焦經（見圖
5-9）→手太陽小腸經（見圖5-10），這三條經分佈在手
臂的外側，叫手三陽，屬表，由手走頭。

足陽明胃經（見圖5-12）→足少陽膽經（見圖
5-13）→足太陽膀胱經（見圖5-14），這三條經分佈在
腿的外側和後側，叫足三陽，屬表，由頭走足。

足太陰脾經（見圖5-3）→足厥陰肝經（見圖5-6）
→足少陰腎經（見圖5-5）。這三條經分佈在腿的內側，

叫足三陰，屬裡，由足走腹。

以上十二條經脈稱為十二正經。

另有八條經稱為「奇經八脈」，是十二經傳注的紐帶。它們的名稱是：督脈、任脈、衝脈、帶脈、陰維脈、陽維脈、陰蹻脈、陽蹻脈。

人體小宇宙，如果把十二經比作大河，奇經八脈可算作湖泊。十二正經的通暢盛衰靠的是奇經八脈來平衡協調。其中最重要的是任督二脈。任脈在身前正中屬陰，總領一身之陰經。督脈在身後正中屬陽，總領一身之陽經。因此，太極拳十四經把任督二脈和十二正經統稱「十四經」。

練功中任督二脈一通，全身各經絡先後皆通。每條經絡上還分佈著許多氣聚活躍部位，即「經穴」，這就是穴位的由來，也是經絡和穴位的關係。

太極拳內功修煉中，經絡是修煉內氣的通道，穴位卻是意念修煉的集中點，這兩者有明顯區別。

修煉太極拳內功，除了瞭解掌握人體經絡、穴位分佈，還必須了解丹田在內功習練過程中的作用。

前輩大師傳拳和著書，凡是內家拳均強調氣沉丹田「力從丹田發」「練成丹田一口氣，打遍天下無人敵」等拳諺數不勝數，這也說明十二經、任督二脈和丹田內煉有不可分割的關係。

太極拳「陰陽顛倒解」中強調的「鼎」即丹田，在「陰陽顛倒解」中水為陰，隱語為「任脈」。火為陽，隱語為「督脈」。一篇「陰陽顛倒解」已把水、火、鼎三者

關係交代得清清楚楚。

　　丹田穴在內家拳中稱為氣海，練功者渴求瞭解丹田，便有人故意神乎其說，把丹田作為不傳之秘，既有傳者也常常是各有其說，說法不一。有思學之人，因找不到準確部位，也只能含糊練習，不了了之。

　　丹田的部位前輩大師著書說是三個部位，有上、中、下之分。上丹田指頭頂百會穴（也有說在兩眉間即印堂），中丹田在胸窩部膻中穴，下丹田在臍下一寸半氣海穴。太極拳所說的丹田，兩手手心前後相對，兩手臂向前腹部自然下垂，手心所對部位即「丹田」。

　　中國古人把中藥精華部分，調蜜成丹、成丸，稱為丹藥。太極拳起源於道家，道家把修煉丹田「聚氣丹田」稱為「仙丹妙藥」。清朝著名學問家、詩人納蘭性德在其《淥水亭雜識》中言「以一藥治遍眾病之謂道，用眾藥合治一病之謂醫。」此「一藥」即道家所煉之丹田，又稱「丹藥」。唐詩曰：「松下問童子，言師採藥去。只在此山中，雲深不知處。」此道童所言之藥非藥農所採之藥，是道家所煉腹內之丹藥即丹田，之所以在深山中是避人驚擾而已。

　　太極拳把丹田作煉氣彙集之穴，稱氣海，取萬流歸海之意。然後由任督之脈，疏散各經絡，故稱「氣從丹田出」，也稱「力從丹田發」。而練功過程稱「氣沉丹田」，並強調「氣以直養而無害」。如不明此道，太極拳的內勁、內功和技擊中要求的三個氣圈，即肩、腰、胯圈從中斷開，分為六個半圈，並靈活發放、收縮自如及隨意

轉化的練法,根本無從談起。

中醫《奇經八脈考》及張紫陽《八脈經》載:

八脈者,「衝脈」在「風府穴」下,「督脈」在臍後,「任脈」在臍前,「帶脈」在腰,「陰蹻脈」在「尾閭前」前陰囊下,「陽蹻脈」在「尾閭後」二節,「陰維脈」在頂前一寸三分,「陽維脈」在頂後一寸三分。

又言:

凡人有此八脈,俱屬陰神,閉而不開。唯神仙家以陽氣衝開,故能得道。八脈者先天大道之根,一氣之祖。採之唯有陰蹻為先,此脈動諸經皆通。

此處的神仙家,並非小說《八仙過海》《封神演義》《西遊記》等神話著作中描寫的神仙。「神仙」一詞確實出自中國的道家,道家的神仙指修煉得道之人,按道家的詳解,「會煉丹」「能採藥」即為神仙。「煉丹」「採藥」均為道家功夫的術語。要做到「煉丹」「採藥」,首要功夫是打通十二正經和奇經八脈,打通經絡的部分功夫和太極拳有相通之處。因「煉丹」「採藥」不是本文內容,不在此詳解。

中醫必讀的經典之作《本草綱目》的作者李時珍,也在《奇經八脈考》一書中,繼續申明其意說:「八脈散在群書中者,略而不悉;醫不知此,罔探病機,仙不知此,難安爐鼎。」

李時珍強調了中醫用藥和道家「煉丹」必須懂八脈的重要性,這也和太極拳內功練習有相通之處。

楊式太極拳內練功夫認為此八脈實際指任督二脈,練

功實踐證明：任督二脈一通，隨著功力的增強餘脈皆通。所謂「爐」「鼎」「煉丹處」，是道家和「陰陽顛倒解」中隱語，實為「丹田」與任督二脈之關係。《三十二目》「陰陽顛倒解」水火鼎論所講即此道理。

太極拳用深呼吸運動氣沉丹田，把全身真氣集中在丹田，使丹田內氣充實飽滿，即歷代大師所講「建立腹部堅實點」。

練功中聚真氣經第二腰椎處命門，沿督脈向上移動，太極拳稱此謂「腎間動氣」，或「以意領氣」「以心行氣」，也叫「以氣運身」，而修煉功法稱為「無極功」。

無極功修煉方法

無極勢面南而立。兩腳與肩同寬，自然平行站立。意念如同輕立於薄冰之上。雙臂自然下垂，輕放於大腿外側，腋窩放鬆，雙手五指微屈虛鬆，掌心如同含有氣球，鼓腕向前下方微按。

目光向前微微平視或閉目，精神內斂，舌抵上齶，虛領頂勁，沉肩垂肘，含胸拔背，鬆腰斂臀，尾閭中正，全身放鬆，呼吸細、勻、慢、長，吸氣想百會穴，呼氣沿任脈承漿穴、廉泉、天突……緩慢下行至氣海穴（即「丹田」）位置（圖5-15）。

呼氣任脈真氣運行

呼氣任脈真氣運行十九穴位：

1. 承漿　　2. 廉泉　　3. 天突　　4. 璇璣　　5. 華蓋
6. 紫宮　　7. 玉堂　　8. 膻中　　9. 中庭　　10. 鳩尾
11. 巨闕　12. 上脘　13. 中脘　14. 建里　15. 下脘
16. 水分　17. 神闕　18. 陰交　19·氣海

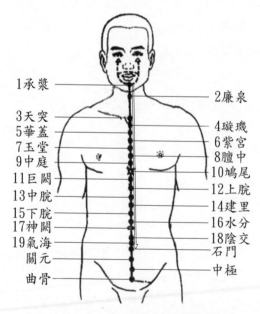

圖5-15　呼氣任脈真氣運行

　　無極功採用逆腹式呼吸。如先前練築基功用順腹式呼吸，自練無極功之後則改用逆腹式呼吸。

　　初期練功，氣無力到達丹田，可分段逐步進行。如到心窩、肚臍等。隨著功力增強，可一呼即到丹田。

練功至每次呼吸都能感到一股熱流送入丹田，此時小腹常有雷音作響，前輩大師稱此為「虎豹雷音」。有時能感到腸蠕動，矢氣增多，大小便量大、通暢，大便有時拉出腥臭異物。這是因內氣沉入丹田，周圍臟器如脾胃、大小腸、膀胱、腎臟等都會逐步發生生理變化，食慾、睡眠等變化明顯。

其餘奧妙不一一言述，留待練功者自己體會。

隨著修煉日久，功力逐步增加，丹田內氣感覺趨向明顯。此時應逐步增大練功量。正常情況百日左右，小腹內感覺形成氣丘。隨著功力繼續增長，氣丘越來越大，小腹內力充實，此時行拳走架、舉手抬足均能感到內氣湧動。

待氣丘足夠堅實後，內氣會自行順石門、關元、中極、曲骨、會陰、長強、腰俞……緩慢上移，升至百會穴。（圖5-16）

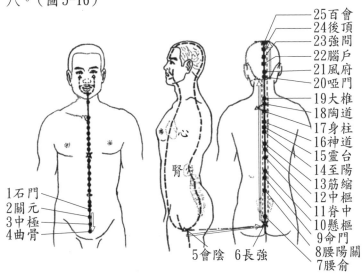

圖5-16　吸氣督脈真氣運行

吸氣督脈真氣運行

吸氣督脈真氣運行二十五穴位：

1. 石門　2. 關元　3. 中極　4. 曲骨　5. 會陰
6. 長強　7. 腰俞　8. 腰陽關　9. 命門　10. 懸樞
11. 脊中　12. 中樞　13. 筋縮　14. 至陽　15. 靈台
16. 神道　17. 身柱　18. 陶道　19. 大椎　20. 啞門
21. 風府　22. 腦戶　23. 強間　24. 後頂　25. 百會

如內氣行到某處停下來，不要強行引導，因內氣上升的快慢是基于丹田力量的大小，如丹田內氣充實，內氣會繼續自然上升。如急於蠻力導引強行通關，會和丹田內力脫節，這對人體是有害的。

如身體練功前有病，像腰肌勞損、腰間盤突出、風濕病、頸椎病等，打通督脈時病灶區會有影響，此時不通是內氣對病灶的修復，也不要強行引導，應用內氣溫養，待自行通過，其病自消。太極拳講的是一切順其自然，太極內功更是如此。

通督期間行拳走架應時時注意「對拉」。此時打拳比練築基功表現得更沉穩，推手練習也明顯不同。

內功練習呈多樣化，也因人而異。有人丹田內氣充足，衝督脈時直衝而上，勢如破竹一次衝通；有的走走停停數次不過。太極拳源於道家，道家把打通任脈比作羊路，意思是氣勢如放羊一哄而下。打通督脈比作牛路，意思是督脈運氣如牛拉車，既沉重又緩慢。這說明，道家也認為打通督脈是有難度的。

督脈未通之前，行拳走架背部常有上拔之意，練拳時對拉感覺明顯。頭部四周有拘緊感，有時會感沉悶不適，這是通督之前的正常現象。此階段必須堅持練功，並逐步加大功量（**練功時間和次數**），一旦督脈打通，是太極拳內功功夫的一次飛躍，是一個關鍵的進步，練功者會體會到內功帶來的輕鬆愉悅。

此時打拳一吸氣入百會，一呼氣入丹田，一吸一呼形成任督循環，前輩太極大師稱此為「哼哈」二氣，道家稱此為「小周天」。

練功者也只有在此種情況下才能真正體會到什麼是太極拳養生功、內功，也只有此時才知道打拳時呼吸、拳架和技擊功力的協調；在推手中也能感到出手蓄勁，收手發勁；沉降發勁；提升蓄勁；有時連續發勁，還有時連續蓄勁；更有時發勁的半途變為蓄勁，也有時蓄勁的半途變為發勁，而姿勢不改。總之外表看著是蓄勁，實際在發勁，反之亦然。真真假假，使對手茫然。這完全是太極拳內功的妙用。一呼一吸，四肢百骸隨動作意念為準則，內三合、外三合協調自然，功夫到此能稱無形勝有形、渾身是手、動皆為招。

師祖楊健侯傳「大小太極解」曰：

「太極練法：以心行氣，不用濁力，純任自然。筋骨鮮折曲之苦，皮膚無磋磨之勞，不用力何能有力？蓋太極練功，沉肩墜肘，氣沉丹田。氣能入丹田，丹田為氣總機關，由此分運四肢百骸，以氣周流全身，意到氣至，練到此地位，其力不可限量矣！」

　　此拳論當為《三十二目》「陰陽顛倒解」的部分詳解。從養生效果講，因「呼吸精氣，獨立守神」，周天循環不斷補益骨髓、腦髓，身體本能能量增加。

　　凡由腎精虧損和內分泌紊亂引起的頭暈耳鳴、失眠健忘、腰酸腿軟、精神疲憊、心慌氣短、性慾減退等多種慢性病、老年病，甚至是多年不癒的頑症霍然而癒。總之，太極拳內功修煉者較之多年練太極拳架（被稱為太極舞、太極操）而不修習內功者，不論技擊還是養生，前者效果都是後者無法比擬的。

　　人的生命健康和生存品質，離不開精、氣、神。人體只有精足、氣足、神足，才是健康的標準，即使是對不練功之人也是如此要求。

　　太極拳功夫有幾句戲言：「盜天機、運地利、親人和」，也稱作「逆天而行」。當然此「天」指的是人出生以來的天然習慣，而不是蒼天。這也是道家常講的「返璞歸真」「返老還童」。

　　太極拳《三十二目》「陰陽顛倒解」講白了即是多位前輩大師所講的「煉精化氣，煉氣化神，煉神還虛」。這是太極拳，也是所有武術、氣功、內功修煉的三部功法。一篇「太極陰陽顛倒解」以極短的文字講明了陰陽對立統一和水、火、鼎之關係，以及天、地、人合而為一和內功修煉養生、技擊的關係。

煉精化氣：

　　在楊式太極拳指的是用內氣通過三關，打通任督二脈，培育丹田氣，循經脈運行，使腎水化為精氣。

煉氣化神：

在楊式太極拳指人體精氣從丹田發動，通過奇經八脈、十二經脈流遍全身。使精和氣緊密結合，化氣為神，達到「精足不思慾，氣足不思飲，神足不欲眠」的內功充足之境界。

煉神還虛：

在楊式太極拳指在前面兩部功的基礎上，用心繼續修煉，進入內功更上層的修為。煉神還虛的「諧振腔」指功夫修煉點為上丹田，內有思維器官大腦，可啟動介質為元神。此階段和煉精化氣、煉氣化神最顯著的區別是體內內氣循環周天流轉。

練拳走架時感到自己氣息微微、若有若無。和人推手對方未動我已先知，中和之氣合二為一，動若進入太空之中，有騰雲駕霧之感，並能自由自在地駕馭自身。

據說太極大師楊班侯少年時每日晨起在一寺院前練功，寺內大和尚也是武功高手，說：「你功夫不行，練拳場地上腳印太淺。」過了數年，大和尚又說：「你功夫有進步，還是不行，腳印太深太重。」又過了幾年，大和尚說：「你現在可以了，地上沒有腳印了。」

此傳說真實性無法、也無須考證。可是很符合「陰陽顛倒解」內煉三部功成的程式，只是前輩大師之風範常令我們後來者「神欲往而功不達」，只能敬歎而已。

太極靜功的修煉，在完成築基功和無極功後，應該說從內臟的健康到精足、氣足、神足，修煉者從精神到身體均有脫胎換骨之感，這種感覺也自然會體現在行拳走架和

推手中。

有了這些內煉功夫，常常會被拳友、對手譽為「真功夫」和「有功夫」「有內功」。可是對於真正的太極拳修煉，前輩大師有更嚴格的要求，因為再堅實的內臟也離不開一個重要的保護，那就是骨骼。

第 六 章

楊式太極拳
渾圓功

渾圓功概述

練骨骼被太極拳前輩大師稱為「鋼架建構」，並認為人體骨骼除了有支撐身體、保護內臟的作用，還要具備攻擊的硬度和抗擊打力。特別是對老年性骨質疏鬆等常見病，必須能夠有效預防。要想達到這些要求，除了飲食藥物調整，更重要的是專業訓練法。

如：外家拳為增強抗擊打力和攻擊時骨骼的強度，進行打沙袋、打木人樁、站馬步樁等多種筋骨皮硬功練法。而太極拳作為內家拳優秀拳種，所有訓練離不開內氣和內功，楊式太極拳「渾圓功」，是太極拳特有的骨骼鍛鍊和保護內臟的功夫。

何謂「渾圓」？渾圓太極前輩大師傳「雙魚太極圖」解：「蓋天地未分之前，曰太極此圖示混沌未判之意，謂渾圓……」又如「吾心寂然無思。萬善未發，是『無極』也。」由此可見渾圓為無極之另一層功法，前輩大師傳承為渾圓功。

雙魚陰陽圖出自道家的理論「渾圓」。混元被古往今來多家氣功、內功、靜功視作理論基礎。而「渾圓氣」被古哲學視作物質的形、氣混合而成，也被視作事物整體初期特性的一種無形無相的特殊物質。大自然最根本的渾圓氣產生於太極將要化生陰陽而尚未化生的一剎那，是宇宙中各種物質未生成之前那個時期的混沌之形。

傳統中醫和道家認為人體渾圓氣是指父精母卵將要形

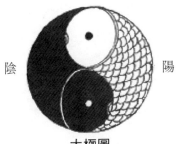

陰　　　　　　　陽

太極圖

太陽圖之義，陰陽相生，剛柔相
濟，千變萬化，太極學即由此生
出也。推手即太極之圖形。

成受精卵的一剎那所產生的雛形氣狀體。它可比附於現代
科學所指的生命力。此氣又被道家和傳統中醫稱作先天之
氣。而後天之氣指人出生後從外界攝取的維持生命必需的
氣（如食物、水、氧等）。道家和傳統中醫認為人體渾圓
氣從雛形氣狀始至生命渾圓氣，從弱到強、強極轉弱，即
人的生命從嬰兒、幼兒、少年、青年、壯年、老年、生命
結束，始終是受渾圓氣的支配。

　　特別是道家「我命由我不由天」的生命理念，認為意
動則氣動。養氣即是養命；並認為人的意念可以調動大自
然最根本的渾圓氣，為人體所用，成為人體渾圓氣，稱此
為「天人合一」，以此袪病強身維護生命。其陰陽學說也
直接影響了中國道家和傳統中醫學。

　　道家和傳統中醫認為陰陽是自然界的普遍規律，是萬
事萬物的綱領和變化之源，是生長和毀滅的根本，也是一
切事物新生、成長、變化、消亡的基本規律；並認為宇宙

的形成是自然界陽氣上浮，聚積為天，陰氣重濁下降，聚積為地。陰沉靜，陽焦躁。陽主生發，陰主成長；陽主肅殺，陰主收斂；陽能產生力量，陰能賦予形體。用宇宙變化規律，觀人體小宇宙。人體清陽之氣出於耳、目、口、鼻等上竅，濁陰之氣出於前、後陰等下竅。清陽之氣向外發洩於腠理，濁陰之氣內歸於五臟。清陽之氣充實四肢，濁陰之氣歸於六腑。

中國道家和傳統中醫的陰陽平衡學說和太極拳陰陽平衡的內功心法修煉也完全一致，均認為陽氣亢盛會使元氣虛竭，陽氣正常會使元氣旺盛，因為過盛的陽氣會損傷元氣，而元氣必須依賴正常的陽氣。所以太極拳功夫修煉和傳統中醫均認為，人體內的陰陽必須相對平衡，假如陰氣偏盛，那麼陽氣會受到損傷引發人體病變。如果陽氣偏盛，那麼陰氣會受到損傷而發生病變。認識了人體的陰陽，中醫用中藥、針灸等平衡人體陰陽，為人防病治病。

太極拳利用功法修煉，平衡人體陰陽，求得強身健體、防身自衛。並由此演化出形容宇宙和人體陰陽平衡的雙魚圖，又稱太極圖。而楊式太極拳渾圓功修煉的功法原理取宇宙初成，清氣上浮，濁氣沉降，陽中有陰，陰中有陽，陰陽相生，千變萬化出太極之理。

楊式太極拳出自道家，前輩大師認為人的生命和人體真氣運行緊緊相連，故提出「氣宜直養而無害」，並在結合拳架、技擊的基礎上匹配了層層深入的內練功法。在太極拳除了取雙魚陰陽合璧，更強調了陰極生陽、陽極生陰（指雙魚之目），在具體練拳中的表現為虛中有實，實中

有虛；剛中有柔，柔中有剛；剛極生柔，柔極生剛。其中奧秘本文不一一詳述。

渾圓功修煉方法

無極勢面南而立，進入功態後，自百會起，從頭部始至雙肩、兩臂、十指和腰節節放鬆，意想肌肉與骨骼自上而下層層分離，感覺全身肌肉虛虛地掛在骨骼上。自上而下，由腰及腿、膝、兩腳、十腳趾全部放鬆，肌肉慢慢與骨骼全部分離，感覺全身只有骨骼支撐而立。肌肉和經絡無一點用力處，就像一副衣架，肌肉、經絡、內臟是幾件衣服掛在衣架上，此時氣息若有若無，只感到口鼻存在。因此前有練無極功之基礎，有時能感到內氣在各經絡穴位點上的流動。丹田部位氣丘伸縮明顯，對此不必在意，隨著功力的增強，內氣最終會和骨骼融為一體，前輩大師稱此為「斂氣入骨」，又稱「渾圓一氣」。

渾圓功是太極內功的上乘功法，受歷代大師推崇。有的拳師在著書中甚至不承認築基功和無極功是太極內功，而獨承認渾圓功才是太極內功。

據筆者幾十年練功經驗，如果太極拳修煉不修無極功，甚至無極功進不了高層功夫，渾圓功也是練不成的。筆者也親眼見到身邊拳友只練渾圓功結果是一事無成，此結果當提醒後來人，功需一步步練。試問一個人沒有健康的五臟和內氣暢通之經絡，只靠骨架強健能練出上乘功夫嗎？答案當然是否定的。

　　太極拳練習者，如只練拳架、推手和無極功，也能達到養生健身的目的，與目前廣場公園裡太極操鍛鍊者相比，稱得上是一個優秀的拳師，而且無極功修煉「通督脈」，也含有養骨補髓之功效。若要追求更上層的技擊功夫，渾圓功是必練之功。

　　渾圓功的修煉，是太極拳上乘功夫的體驗，一旦功夫上身，行拳走架常常是只有十指尖領意，意念走骨骼，全身肌肉、經絡均不用力，打出的拳架鬆沉明顯。在旁觀者眼中，轉換格外輕靈，此時推手只要輕輕搭手，對手即感到難受。誠如楊澄甫大師所講：「我不是肉架子，勁由於筋，力由於骨。」「臂膊如綿裡裹鋼，分量極沉。」大師稱此為「綿包鋼」的功夫。

　　任何門派的拳術，最高表現能力為技擊。太極拳卻另闢其道，其集大成中興者，即祖師張三豐創拳宗旨：「欲天下豪傑延年益壽，不徒作技擊之末也。」用此宗旨貫穿的太極拳，始終是技擊功夫和養生效果保持在同一鍛鍊目的下的兩個方面。增強技擊功夫的同時也必然收到相應的養生效果。可稱謂：「以文練引人入勝，以技擊誘導強身」。這樣的鍛鍊方式、方法使太極拳習練者，每一階段功夫的增長，均需要相匹配的內功來輔助。渾圓功的修煉使習練者不論技擊、養生還是健身均進入了高層次的修為。而作為太極拳習練者，前輩大師強調渾圓功取得一定功夫後，應步入太極內功「漫步周天」的修煉。

第　七　章

楊式太極拳
「漫步周天」

「漫步周天」概述

楊式太極拳內練功法《三十二目》第37篇「口授穴之存亡論」：

穴有存亡之穴，要非口授不可。何也？一因其難學；二因其關係存亡；三因其人才能傳。

第一，不授不忠不孝之人；

第二，不傳根底不好之人；

第三，不授心術不正之人；

第四，不傳魯莽滅裂之人；

第五，不傳目中無人之人；

第六，不傳無禮無恩之人；

第七，不授反覆無常之人；

第八，不傳得易失易之人。

此須八不傳，匪人更不待言矣。如其可以傳，再口授之秘訣。

傳忠孝知恩者、心氣和平者、守道不失者、真以為師者、始終如一者。

此五者果其有始有終、不變如一，方可將全體大用之功，授之於徒也。明矣，於前於後，代代相繼，皆如是之所傳也。噫！抑亦知武事中烏有匪人哉。

前輩大師的五傳八不傳，強調了「穴位學」在太極拳內功、技擊修煉中的重要地位，也說明前人要求習練太極拳，進入高端功夫必須懂穴位學。

　　打開太極拳譜，前輩大師講太極處處談到氣，甚至稱太極拳就是一套「動氣功」。可是也有例外，李譜《十三勢行功心解》：

　　「以心行氣，務令沉著，乃能收斂入骨。以氣運身，務令順隨，乃能便利從心。」又「全身意在精神，不在氣，在氣則滯。有氣者無力，無氣者純剛。氣若車輪，腰似車軸。」

　　初學者讀此解一頭霧水，「氣」在此解中好像是前後矛盾，常常使後學者不知所從。實際上太極拳內功氣和意，既是矛盾點，又是統一點。筆者前面所講，太極內功氣走經絡，意注穴位。習練者經過築基功、無極功修煉後，對經絡運氣已不陌生，可是把氣細化到每個穴位點，感應卻明顯力不從心。太極拳技擊又強調「意到、氣到、力到」，和拳譜好像也不對應，這是習練者缺少了一步功法——「漫步周天」的鍛鍊。

「漫步周天」修煉方法

　　無極勢面南而立，進入功態後，不再運氣，只用意念感應穴位點。如無極功修煉有成，可提意念至任脈起點「承漿穴」（*唇溝下陷處三分左右*），意念走向為：（圖7-1、圖7-2）

　　1. 承漿　2. 鳩尾　3. 關元　4. 箕門　5. 三陰交

　　6. 衝陽　7. 大敦　8. 厲兌、內庭　9. 足三趾

　　10. 足竅陰　11. 至陰、通谷　12. 湧泉　13. 足三里

14. 伏兔　15. 長強　16. 腰俞　17. 肩髃穴　18. 曲池

19. 中渚　20. 少商　21. 商陽　22. 中衝　23. 關衝

24. 少澤　25. 勞宮　26. 列缺　27. 雲門　28. 雲門

29. 列缺　30. 勞宮　31. 中渚　32. 少商　33. 商陽

34. 中衝　35. 關衝　36. 少澤　37. 曲池　38. 肩髃

39. 大椎　40. 風府　41. 百會　42. 神庭　43. 素髎

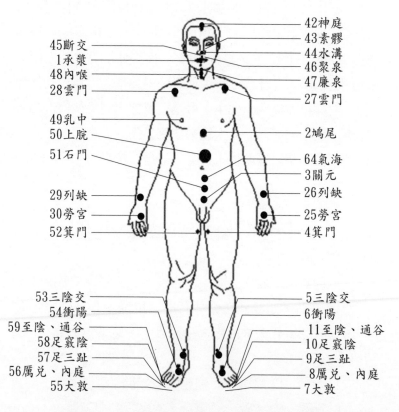

圖7-1　漫步周天六十四穴位意念走向（正）

44. 水溝　45. 斷交　46. 聚泉　47. 廉泉　48. 內喉

49. 乳中　50. 上脘　51. 石門　52. 箕門　53. 三陰交

54. 衝陽　55. 大敦　56. 厲兌、內庭　57. 足三趾

58. 足竅陰　59. 至陰、通谷　60. 湧泉　61. 足三里

62. 伏兔　63. 會陰　64. 氣海

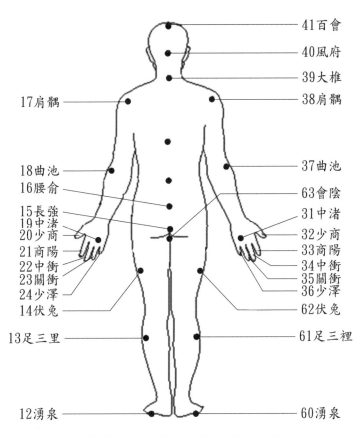

圖7-2　漫步周天六十四穴位意念走向（背）

漫步周天六十四穴位意念走向分解（圖7-3～圖7-9）

一至十一穴位定位：

一、面部頦唇溝的正中凹陷處，為人體「承漿穴」（足陽明胃經與任脈的會穴）。

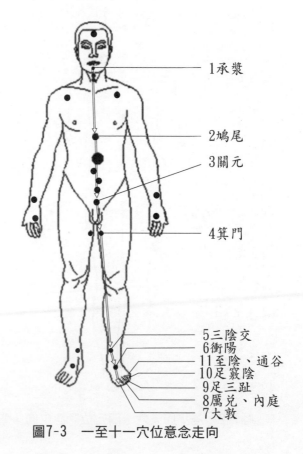

1承漿

2鳩尾

3關元

4箕門

5三陰交
6衝陽
11至陰、通谷
10足竅陰
9足三趾
8屬兌、內庭
7大敦

圖7-3　一至十一穴位意念走向

二、心窩，人體心臟處，上腹部，前正中線上，當胸劍結合部下1寸，為人體「鳩尾穴」（任脈的絡穴，育之原穴）。

三、下腹部，前正中線上，當臍中下3寸，為人體「關元穴」（足太陰脾經、足厥陰肝經、足少陰腎經與任脈的會穴）。

四、左大腿內側，當衝門與血海連線上，血海上6寸，為人體「箕門穴」（足陽明胃經的穴位）。

五、左小腿內側，當內踝尖上3寸，脛骨內側緣後方，為人體「三陰交穴」（足太陰脾經、足少陰腎經、足厥陰肝經三經會穴）。

六、左足背最高處，趾長伸肌腱之間，足背動脈搏動處，為人體「衝陽穴」（足陽明胃經的原穴）。

七、左足大趾末節外側，距趾甲角0.1寸，人體「大敦穴」（足厥陰肝經的腧穴、原穴）。

八、左足第二趾末節外側，距指甲角0.1寸，為人體「厲兌穴」。左足背第2、3趾間，趾蹼緣後方肉際處，人體「內庭穴」（此二穴為足陽明胃經的井穴）。

九、左足三趾，無穴，不通經絡，但不能繞過。

十、左足第四趾末節外側，距趾甲角0.1寸，人體「足竅陰穴」（足少陽膽經的井穴）。

十一、左足小趾末節外側，距趾甲角0.1寸，為人體「至陰穴」（足太陽膀胱經井穴）。左足小趾第五蹠趾關節外側前緣，赤白肉際處，人體「通谷穴」（足太陽膀胱經滎穴）。

以上五趾穴位，均為趾端部。

十二至二十四穴位定位：

十二、左足底部，蜷足時足前部凹陷處，約當足底第2、3趾趾縫紋頭端與足跟中點連線的前三分之一與後三分之二交點處，人體「湧泉穴」（足少陰腎經的井穴）。

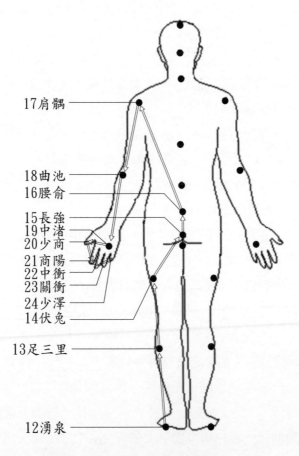

17肩髃
18曲池
16腰俞
15長強
19中渚
20少商
21商陽
22中衝
23關衝
24少澤
14伏兔
13足三里
12湧泉

圖7-4　十二至二十四穴位意念走向

十三、左腿屈膝，在犢鼻下3寸，距脛骨前緣一橫指，人體「足三里穴」（足陽明胃經的合穴）。

十四、左大腿前面，當髂前上棘與髕底外側端的連線上，髕底上6寸，人體「伏兔穴」（足陽明胃經的穴位）。

十五、尾骨端下，當尾骨端與肛門連線的中點處，人體「長強穴」（督脈的絡穴；足少陰腎經之所結處；足少陰腎經、足少陽膽經與督脈的會穴）。

十六、腰骶部，當後正中線上，適對骶管裂孔，人體「腰俞穴」（督脈的穴位）。

十七、左肩部，三角肌上，臂外展或向前平伸時，當肩峰前下方凹陷處，人體「肩髃穴」（手陽明大腸經與陽蹺脈的會穴）。

十八、左肘橫紋外側端，屈肘，當尺澤與肱骨外上髁連線的中點，人體「曲池穴」（手陽明大腸經的合穴）。

十九、左手背部，當環指本節的後方，即掌指關節第4、5掌骨間凹陷處，人體「中渚穴」（手少陽三焦經的腧穴）。

二十、左拇指末節橈側，距指甲角0.1寸處，為人體「少商穴」（手太陰肺經的井穴）。

二十一、左食指末節橈側，距指甲角0.1寸，人體「商陽穴」（手陽明大腸經的井穴）。

二十二、左手中指末節尖端中央，人體「中衝穴」（手厥陰心包經的井穴）。

二十三、左手無名指末節尺側，距指甲角0.1寸，人體「關衝穴」（手少陽三焦經的井穴）。

二十四、左小指末節尺側，距指甲角0.1寸，人體「少澤穴」（手太陽小腸經的井穴）。

二十五至三十穴位定位：

二十五、左手掌心，當第2、3掌骨之間偏於第3掌骨，握拳屈指時中指尖指處，人體「勞宮穴」（手厥陰心包經的滎穴）。

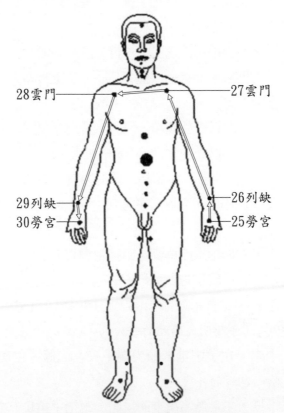

圖7-5　二十五至三十穴位意念走向

二十六、左前臂橈側緣，橈骨莖突上方，腕橫紋上1.5寸，當肱橈肌與拇長展肌腱之間，人體「列缺穴」（手太陰肺經的絡穴）。

二十七、左胸前壁外上部，肩胛骨喙突上方，鎖骨下窩凹陷處，距前正中線6寸，人體「雲門穴」（手太陰肺經的穴位）。

二十八、右胸前壁外上部，肩胛骨喙突上方，鎖骨下窩凹陷處，距前正中線6寸，人體「雲門穴」（手太陰肺經的穴位）。

二十九、右前臂橈側緣，橈骨莖突上方，腕橫紋上1.5寸，當肱橈肌與拇長展肌腱之間，人體「列缺穴」（手太陰肺經的絡穴）。

三十、右手掌心，當第2、3掌骨之間偏於第3掌骨，握拳屈指時中指尖指處，人體「勞宮穴」（手厥陰心包經的滎穴）。

三十一至四十一穴位定位：

三十一、右手背部，當無名指本節的後方，即掌指關節第4、5掌骨間凹陷處，人體「中渚穴」（手少陽三焦經的腧穴）。

三十二、右拇指末節橈側，距指甲角0.1寸處，為人體「少商穴」（手太陰肺經的井穴）。

三十三、右食指末節橈側，距指甲角0.1寸，人體「商陽穴」（手陽明大腸經的井穴）。

三十四、右手中指末節尖端中央，人體「中衝穴」（手厥陰心包經的井穴）。

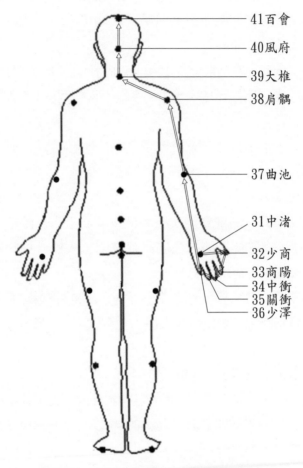

圖7-6　三十一至四十一穴位意念走向

三十五、右手無名指末節尺側，距指甲角0.1寸，人體「關衝穴」（手少陽三焦經的井穴）。

三十六、右小指末節尺側，距指甲角0.1寸，人體「少澤穴」（手太陽小腸經的井穴）。

三十七、右肘橫紋外側端，屈肘，當尺澤與肱骨外上髁連線的中點，人體「曲池穴」（手陽明大腸經的合穴）。

三十八、右肩部，三角肌上，臂外展或向前平伸時，當肩峰前下方凹陷處，人體「肩髃穴」（手陽明大腸經與陽蹻脈的會穴）。

三十九、後正中線上，第7頸椎棘突下凹陷中，人體「大椎穴」。（手陽明大腸經、手太陽小腸經、手少陽三焦經、足陽明胃經、足太陽膀胱經、足少陽膽經與督脈的會穴）。

四十、項部，當後髮際直上1寸，枕外隆凸直下，兩側斜方肌之間凹陷中，為人體「風府穴」（督脈與陽維脈的會穴）。

四十一、頭部，當前髮際正中直上5寸，前頂後1.5寸，為人體「百會穴」（督脈與足太陽膀胱經的會穴）。

四十二至五十九穴位定位：

四十二、頭部，當前髮際正中直上0.5寸，為人體「神庭穴」（督脈、足太陽膀胱經與足陽明胃經的會穴）。

四十三、面部，當鼻尖的正中央，為人體「素髎穴」（督脈上的穴位）。

四十四、面部，當人中溝上三分之一與中三分之一交點處，為人體「水溝穴」（手陽明大腸經、足陽明胃經與督脈的會穴）。

四十五、口中上齦中間，為人體「齗交穴」。

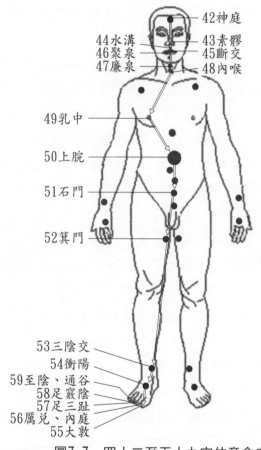

圖7-7　四十二至五十九穴位意念走向

四十六、舌中心縫中，人體「聚泉穴」。

四十七、結喉中間，人體「廉泉穴」，又名「舌本穴」。

四十八、咽喉、喉嚨，即人體「內喉穴」。

四十九、右胸部，當第4肋間隙，乳頭中央，距前正

中線4寸，為人體「乳中穴」（足陽明胃經的穴位）。

　　五十、上腹部，前正中線上，當臍中上5寸，為人體「上脘穴」（足陽明胃經、手太陽小腸經與任脈的會穴）。

　　五十一、下腹部，前正中線上，當臍中下2寸，為人體「石門穴」（三焦之募穴）。

　　五十二、右大腿內側，當衝門與血海連線上，血海上6寸，為人體「箕門穴」（足陽明胃經的穴位）。

　　五十三、右小腿內側，當內踝尖上3寸，脛骨內側緣後方，為人體「三陰交穴」（足太陰脾經、足少陰腎經、足厥陰肝經三經會穴）。

　　五十四、右足背最高處，趾長伸肌腱之間，足背動脈搏動處，為人體「衝陽穴」（足陽明胃經的原穴）。

　　五十五、右足大趾末節外側，距趾甲角0.1寸，人體「大敦穴」（足厥陰肝經的腧穴、原穴）。

　　五十六、右足第二趾末節外側，距指甲角0.1寸，為人體「厲兌穴」。右足背第2、3趾間，趾蹼緣後方肉際處，人體「內庭穴」。（此二穴為足陽明胃經的井穴）

　　五十七、右足三趾，無穴，不通經絡，但不能繞過。

　　五十八、右足第四趾末節外側，距趾甲角0.1寸，人體「足竅陰穴」（足少陽膽經的井穴）。

　　五十九、右足小趾末節外側，距趾甲角0.1寸，為人體「至陰穴」（足太陽膀胱經井穴）。右足小趾第五蹠趾關節外側前緣，赤白肉際處，人體「通谷穴」（足太陽膀胱經滎穴）。

以上五趾穴位，均為趾端部。

六十至六十四穴位定位：

六十、右足底部，蜷足時足前部凹陷處，約當足底第2、3趾趾縫紋頭端與足跟中點連線的前三分之一與後三分之二交點處，人體「湧泉穴」（足少陰腎經的井穴）。

六十一、右腿屈膝，在犢鼻下3寸，距脛骨前緣一橫指，人體「足三里穴」（足陽明胃經的合穴）。

六十二、右大腿前面，當髂前上棘與髕底外側端的連線上，髕底上6寸，人體「伏兔穴」（足陽明胃經的穴位）。

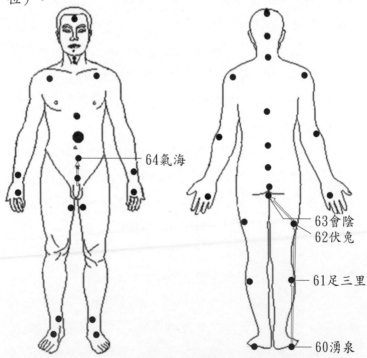

圖7-8　六十至六十四穴位意念走向

六十三、會陰部，男性當陰囊根部與肛門連線的中點，女性當大陰唇後聯合與肛門連線的中點，為人體「會陰穴」（任脈的別絡，衝脈、督脈與任脈的會穴）。

六十四、楊式太極拳認為抱腹樁式雙手自然下垂，兩手心相對的位置為人體「氣海穴」，又稱「丹田」。

漫步周天功的練習，每遍意念走完六十四穴，時間約十分鐘左右。

因習練者有無極功經絡之基礎，練漫步周天時，常有氣感。實際上無極功階段，意念只走經絡，因穴位點是氣聚焦點，功力深厚者也能覺出穴位點氣感較明顯。

漫步周天功要求用意不用氣，而習練中氣感也很強，對此不用太在意。隨著功力增強，修煉者用意、用氣自會運用自如。

特別是漫步周天功夫上身後，行拳走架、推手散手，均能體會出「意到氣到、氣到力到」的技擊、養生雙重佳境。而拳友、對手也常把這種功夫譽為「神明」。

「漫步周天」對常見疾病的防治

中醫利用穴位治病、療病，是一個重要科目。中醫曾被形象地喻為一根銀針一把草。所謂一根銀針，實際指穴位學。太極拳講人體小宇宙，用針、用灸物理性刺激穴位，好比自然界溝渠堵塞用人力挖開，而太極拳內功卻是用意念點刺激穴位，達到強身健體、增加功力的目的，這好比自然界溝渠每日每時流水湧泉不斷，正可謂「流水

不腐」「通則無病」。這種「通」被太極拳前輩大師稱為「內功」。顧名思義，即練習身體內部的功夫。

據考證針灸學和太極拳同樣源自道家，因此穴位有相通之處。從療病健身講，以「漫步周天」六十四穴為例，中醫針灸用此治療多種疾病：

一、「承漿穴」主治：面癱，面腫，口舌生瘡，齒痛，牙周炎，流涎，失語，癲癇。

二、「鳩尾穴」主治：半身不遂，心神不寧，咳血，心氣不足等。

三、「關元穴」主治：昏迷，虛脫，遺精，陽痿，早洩，疝氣，少腹痛，月經不調，痛經，閉經，功能性子宮出血，帶下，陰癢，遺尿，尿路感染，腹瀉，脫肛。

四、「箕門穴」主治：小便不利，遺尿，尿閉，尿路感染，腹股溝腫痛。

五、「三陰交穴」主治：脾胃虛弱，消化不良，腹脹腸鳴，腹瀉，月經不調，崩漏，帶下，閉經，子宮脫垂，難產，產後血暈，惡露不行，遺精，陽痿，陰莖腫痛，水腫，小便不利，遺尿，膝腳痹痛，腳氣，失眠，濕疹，蕁麻疹，神經性皮炎，高血壓病。

六、「衝陽穴」主治：面腫，牙痛，面神經炎，足痿無力，足背腫痛，胃痛，腹脹，癲癇，神志病證。

七、「大敦穴」主治：月經不調，閉經，功能性子宮出血，子宮脫垂，泌尿系感染，睾丸炎，癲癇，暈厥，中風。

八、「厲兌、內庭」兩穴。「厲兌穴」主治：面腫，

面神經炎，牙痛，鼻炎，鼻出血，咽喉腫痛，胸腹脹滿，熱病，昏厥，神志疾患。「內庭穴」主治：胃痛，腹脹，腹瀉，便秘，牙痛，面神經炎，咽喉腫痛，鼻出血，熱病，足背腫痛。

九、「足竅陰穴」主治：頭痛，目眩，失眠，結膜炎，聲帶麻痹，脅肋痛，哮喘。

十、「至陰、通谷」兩穴。「至陰穴」主治：胎位不正，難產，胎衣不下，頭痛，眩暈，目痛，鼻塞，遺精，尿閉。「通谷穴」主治：頭痛，項強，目眩，鼻出血，癲狂。

十一、「湧泉穴」主治：頭頂痛，眩暈，小兒驚風，症，癲癇，休克，高血壓病，咽喉痛，足心熱。

十二、「足三里穴」主治：胃痛，腹脹，腹瀉，嘔吐，便秘，消化不良，胃酸缺乏，下痢等消化系統疾病；頭暈，耳鳴，心悸，氣短，失眠，癲癇，高血壓，腦中風等神經及心腦血管疾病；月經不調，痛經，不孕，產後血暈，乳腺炎等婦產科疾病；腳氣，水腫，脛膝痹痛，下肢癱瘓等病。

十三、「伏兔穴」主治：腰腿痛，下肢麻木，癱瘓，腳氣，蕁麻疹。

十四、「長強穴」主治：腹瀉，便秘，便血，脫肛，痔瘡，癲癇，精神病，腰骶痛，陰部濕疹，遺精，陽痿。

十五、「腰俞穴」主治：腰骶痛，痔瘡，脫肛，便血，月經不調，下肢麻木或癱瘓。

十六、「肩髃穴」主治：肩臂痛，頸項強痛，肩周

炎，偏癱。

十七、「曲池穴」主治：熱病，高血壓病，眼耳鼻喉炎症，頷下淋巴結炎，顏面癤腫，臂叢神經痛，肩周炎，肱骨外上髁炎，肘關節炎與勞損，中風偏癱，皮膚病，過敏性疾病，月經病。

十八、「中渚穴」主治：耳鳴、耳聾，咽喉腫痛，發熱，頭痛，手臂痛。

十九、「少商穴」主治：急性咽喉炎，急性扁桃體炎，鼻衄，咳嗽，哮喘，中暑，中風，癮症，驚風，虛脫，休克，精神病。

二十、「商陽穴」主治：咽喉腫痛，口腔炎，牙周炎，牙痛，腮腺炎，高熱昏迷。

二十一、「中衝穴」主治：中風，中暑，虛脫，休克，昏迷，熱病，心痛，心煩，小兒夜啼，舌炎，癮症。

二十二、「關衝穴」主治：熱病無汗，頭痛，咽喉腫痛，心煩，中暑，暈厥，耳鳴，耳聾，手臂痛。

二十三、「少澤穴」主治：熱病，中風昏迷，乳汁不足，乳腺炎，頭痛，目赤，翳狀胬肉，耳鳴，耳聾，肩臂外後側痛。

二十四、「勞宮穴」主治：發熱，鼻出血，口舌生瘡，口臭，咯血，中風，昏迷，心痛，癲癇，精神病，手顫。

二十五、「列缺穴」主治：頭痛，項強，三叉神經痛，面神經炎，咽喉腫痛，扁桃體炎，蕁麻疹，中風後遺症。

二十六、「雲門穴」主治：咳嗽，哮喘，胸肋痛，肺炎，肺結核，支氣管炎，心絞痛，肋間神經痛，肩周炎。

二十七、「大椎穴」主治：發熱，感冒，咳嗽，哮喘，瘧疾，頸椎病，癲癇，精神病，小兒驚風，腦發育不全，腦炎後遺症，貧血。

二十八、「風府穴」主治：頭痛，感冒，眩暈，頸椎病，腦發育不全，腦炎後遺症，腦性癱瘓，癔症，癲癇，精神病。

二十九、「百會穴」主治：頭痛，眩暈，鼻塞，耳鳴，驚悸，失眠，健忘，昏厥，癔症，癲癇，精神病，中風，脫肛，子宮脫垂，休克，虛脫，高血壓病，低血壓症。

三十、「神庭穴」主治：頭痛，眩暈，失眠，結膜炎，角膜炎，鼻出血，神經性嘔吐，癲癇，精神病。

三十一、「素髎穴」主治：昏迷，暈厥，休克，虛脫，低血壓症，心動過速，呼吸衰竭，小兒驚風，鼻炎，鼻息肉，鼻竇炎，酒渣鼻。

三十二、「水溝穴」主治：虛脫，休克，低血壓，中暑，昏迷，新生兒窒息，腦中風，腰扭傷，口肌痙攣。

三十三、「斷交穴」主治：鼻中食瘡，面赤心煩，牙幹腫痛，寒暑瘟疫。

三十四、「聚泉穴」主治：舌強，口內生瘡，骨槽風，重舌腫脹，熱極難言。

三十五、「廉泉穴」主治：咳嗽、上氣，喘急嘔沫，舌根縮急。

三十六、「內喉穴」主治：喉痹乾燥，咽喉腫，喉喘不能言，水粒不下。

三十七、「乳中穴」主治：乳中結核，乳癰乳癖，婦人膈中滯痰，乳汁不通。

三十八、「上脘穴」主治：胃痛，呃逆，嘔吐，消化不良，腹瀉，咳嗽，咯血，癲癇，心痛。

三十九、「石門穴」主治：腹痛，腹脹，腹瀉，水腫，疝氣，泌尿系感染，閉經，功能性子宮出血。

四十、「會陰穴」主治：窒息，昏迷，癲癇，精神病，痔瘡，尿道炎，陰莖痛，月經不調，子宮脫垂，陰道炎，外陰炎。

四十一、「氣海穴」主治：腹痛，腹瀉，虛脫，哮喘，遺精，陽痿，月經不調，痛經，帶下，子宮脫垂，功能性子宮出血，產後惡露不盡，不孕症，疝氣，遺尿，脫肛，尿瀦留，泌尿系感染，腸麻痹，胃下垂，尿崩症，神經衰弱。

以上是漫步周天六十四穴位（因部分左右重複單例為四十一穴位），中醫臨床用針灸刺激各穴位點，起到對疾病治療的作用。而漫步周天功法長期用意念刺激各穴位點和中醫針灸有同工之妙，對以上各疾病也均有預防和治療作用。

太極拳功夫在提高技擊修煉的同時，養生健身功夫也隨著提高，甚至養生、健身為主，技擊功夫為輔，前輩大師稱此為「延年益壽不老春」。

第　八　章

楊式太極拳
坐椿功

坐樁功概述

太極拳是拳、是武術，因此太極靜功以無極勢站樁為主。太極拳又源於道家，道家的內功修煉稱作「煉丹」，樁勢卻是坐樁，以打坐為主。

太極拳前輩大師有一句話：「百練不如一站，百站不如一禪。」據說這句話指的是靜功，即內功的修煉。解釋為白話則為：「要想取得內功，行拳走架不如站樁，站樁不如坐樁。」楊式太極拳前輩大師，如楊健侯師祖晚年多用坐樁來修習內功。

坐樁樁勢，佛、道、儒、武基本相通。內修功法雖有差別，而修煉的目的和結果卻完全一致，均是強身健體。

筆者摯友上慧下禪大法師，據他的靜坐體驗，靜坐是內功最好的功法，它非但對生理疾病有效，對心理疾病也有較好的療效。

許多患者，如消化不良、先天不足後天失調、肝火旺盛、陰虛火旺、肺結核、血壓高、血壓低、胃下垂、失眠健忘、口乾津少、貧血體弱、大便結滯、消瘦孱弱、形容枯槁、心神恍惚、性格暴躁、精神緊張以及多種情緒上的病，因身體原因，暫時無法進入太極拳鍛鍊也無力站樁，可用坐樁功夫進行內功修煉，均能取得普通醫療無法取得之療效。

坐樁功夫修煉方法

散盤（圖8-1）

圖8-1

　　坐樁應根據自身身體條件，分段進行。一般先練叉架，也稱散盤，即雙腿隨意，小腿在下交叉而坐。這是一般人均可坐的初級姿勢。

左單盤（附8-2）

佛家稱為「如意坐」，即左腿在上，右腿在下。

圖8-2

右單盤（圖8-3）

佛家稱為「金剛坐」，即右腿在上，左腿在下。

圖8-3

以上二式在修煉時，可輪換上下，以消除長坐給腿帶來的疲勞。

左雙盤（圖8-4）

佛家稱為「如意吉祥坐」。先將右腿放在左腿上，再將左腿放在右腿上。

圖8-4

右雙盤（圖8-5）

圖8-5

　　佛家稱為「不動金剛坐」。先將左腿放在右腿上，再將右腿放在左腿上。

　　以上二式修煉時，可輪換上下，以消除長坐給腿帶來的疲勞。

　　初練坐樁，可根據自身條件選擇，有人生來俱骨軟，可直接雙盤或單盤。否則可以從散盤開始。

　　坐樁運氣的方式方法和站樁相同。以筆者經驗，坐式最好練無極功和築基功。渾圓功和漫步周天還是以站樁為佳。當然也可根據自己修煉調整，此無一定式。

第　九　章

楊式太極拳
內功修煉注意事項

太極拳內功修煉不同於普通氣功。功法雖偶爾有相通之處，可是太極拳內功的修煉是和拳架、推手同步進行的，前輩大師著書要求太極拳修煉晨起先站樁，收功後即練拳架，再後推手或刀、槍、劍，可謂動靜同修，因此，很少出現偏差。

也有偶然，像筆者習慣晨起練靜功，早飯後一天工作，晚飯前後練動功，此習慣已多年，未見練功出現異常。有拳友、部分徒弟常提出問題，歸納答覆如下。

一、內功有一定功夫時，身體會發生一些變化，往往有人怕走火入魔。其實練太極內功沒有「入魔」一說。如意念貫注丹田日久，腹內內氣充實，矢氣增多，將腹內宿積驅動，時有拉肚現象，每月數次，有時腥臭異常，呈絲瓜絲狀，此情況反反覆覆甚至能長達一至兩年。此時應加大練功量，這是將多年累積的濕熱瀉出，是脾胃在進行大的健康調理。

二、靜坐時滿身大汗，身體某些部位痛癢，有時忽覺身重如泰山，有時又輕如羽毛，或覺身體拉大拉長，忽又變小變短，還有時身體上升如騰雲駕霧，忽又下降如落萬丈深淵。此種情況是由於氣血走動產生的幻覺，繼續練功自會消失。

三、除非內功內力深厚之人，絕不可以以靜功代替睡眠，疲勞過度必須及時休息，否則對人體是有害的。如睡

前補練一會兒靜功，有助眠、安眠作用。

　　四、不可飯後馬上練功，練太極拳不主張食過飽，飽則百脈不通。也不可饑餓時練功，饑餓時練功精神不振，對身體有害無益。

　　五、太極拳提倡打拳前，即預備勢時練靜功。筆者經驗，夜靜時，獨居靜室，無思無慮，調和氣息，穩定身心，吸氣時由丹田走督脈，直通百會（大腦），呼氣時由百會沿任脈再歸丹田。如此反覆不停，漸入佳境，自會體驗出《三十二目》「陰陽顛倒解」「明此陰陽顛倒之理……能以人弘道，知道不遠人，則可與言天地同體。上，天；下，地；人在其中矣」所敘之境界，這種境界是單練動功無法體會到的內功佳境。

　　六、有人提出，坐樁盤腿不動，是否能引起氣血不通、消化不良。假如呆坐不動胡思亂想，中醫有久坐傷腎之說。而太極內功，靜極生動，加上意念引導，橫膈膜運動加強，肺部交換氣體功能擴大。

　　前輩大師著書考證，坐樁的活動範圍比平時增加數倍，特別是經絡暢通，內氣帶動血液環繞周身，可謂氣血暢通，百病消除，行拳走架功力自增。

　　七、靜功中輕閉嘴唇，舌抵上齶。道家稱為「搭橋」。可調攝細脈，產生口水，此時應將之慢慢吞咽。道

家稱為「玉液還丹」「長生藥酒」或「煉津還精」。其功能可潤五臟六腑，有助脾胃消化之功效。

第　十　章

楊式太極拳
練功答疑

在筆者多年習拳、練拳過程中，不斷有拳友、徒弟提出詢問，筆者按自己的理解，歸納為以下問答，有不當之處，請大家指正。

一、練習太極拳包括哪些內容？

答：太極拳是內家拳，除了必要的內功修煉，其動功、器械的訓練由簡到繁是一個系列，內外結合方能練好太極拳。

太極動功包括：盤架子、太極推手。推手又分：單推手、雙推手、定步推手、活步推手、大推手、亂採花和太極散手。器械方面：有太極劍、太極刀、太極槍、太極杆。各種器械有單練套路，有的器械還有對練套路。

二、太極拳靜功有哪些功法？和其他氣功是否一樣？

答：按楊式太極傳承，其靜功修煉多採用道家功法。目前筆者所知，楊式太極內煉功法有築基功（四時五氣解）、無極功（小周天）、渾圓功、八段錦等。

經考證，這些功法多源自道家，有的至今仍作為道家日常修煉之功。這些功法的特點在增加行氣用意和技擊功力的同時，能更好地達到強身健體的養生功效。有些武術的硬氣功，像開磚斷石、臥釘床等，太極拳不練。

三、只練太極內功能否用於技擊？

答：不能。太極拳首先是拳，作為歷史傳承，有極嚴格的行功準則和練功方法。太極拳稱為內家拳，所謂拳術首先強調是動功，而靜功是動功不可分割也無法繞過的必修之功。嚴格地說，單獨習練太極動功和靜功都具有一定

的強身健體作用，有的動功習練者還能學會推手和技擊，但這都不算完整的太極拳功夫，更不能算學會了太極拳。

四、單練拳架和推手，不修煉靜功，能否達到懂勁、神明的技擊功夫？

答：不能。前輩大師對此有詳解：「太極功夫有招功、勁功、內功三步之說。招功者懂得各勢之功用，推手可柔化自如，乃招熟階段，入門功夫也；勁功者，即能以靈敏的聽勁（皮膚的感覺能力）隨機應變，控制對方，柔中寓剛，具有發勁制人之威力，乃懂勁階段，可謂登堂入室也；內功者，純以神行，隨心所欲，打不露形，挨著何處何處發力，此乃『階及神明』階段，所謂爐火純青、出神入化也。」

前輩大師對「招、勁、內」的功夫總結已詳盡，習練者當自悟之。

五、習練太極拳讀前輩大師著作理論書籍，常見對功夫、功力的描寫，卻少見具體練法。對招功、勁功、內功三種功夫的訓練方法是否有區別，能否寫清楚些？

答：道可道，非常道。太極拳作為一種身傳口授、代代相承的功夫，照書修煉很難，歷代大師著書想寫出練法也很難，特別是內功修煉更難寫得清楚。以筆者習拳經驗，讀書再多也需師父指導、拳友切磋。

1. **招功：**按拳架要求認真盤架子，前輩大師稱此為練死拳、死練拳，繼而到練成自己的拳。在盤架子的基礎上練推手，從單推手、雙推手、定步推手、活步推手、大推手、亂採花到太極散手循環漸進，謂招功。

2. 勁功：在以上訓練基礎上，增加輔助練習。太極拳輔助功法有：

(1)罈子功：有大小壇之分，大壇練腰胯；小壇練臂力、腕力、指力。

(2)捲棒功：練指力和前臂之力。

(3)抖大杆：練整勁。

(4)川字樁、馬步樁等：練腿勁。

(5)踩腿功：踩腿功是太極拳技擊中重要招法。招式兇猛，被踩踏者受傷甚重，為太極拳毒招。前輩大師視為禁術，推手中嚴禁使用。

3. 內功：在前面的訓練基礎上，按太極拳靜功練功方法修煉太極內功，循序漸進，方可階及神明。除此未見有其他捷徑。

六、太極拳練功為何面向南？

答：太極拳源自道家。按道家理論，東方七宿名青龍，西方七宿名白虎，南方七宿名朱雀，北方七宿名玄武。南為陽，北為陰，人體前為任脈，任脈為陰，又是人體陰脈總關。人體後為督脈，督脈為陽，又是人體陽脈總關。道家講天人合一陰陽合璧，人體與天象合，故面南練功，為左青龍右白虎，前朱雀後玄武。據現代科學研究，面南練功與地球南北極磁力線一致，利於內氣運行，人體順應自然，故多強調面南練功。

七、太極拳運勁如抽絲，抽絲算拳法還是功法？

答：抽絲勁算功法，而且是楊式太極拳主要功法，楊式太極拳盤架子，運用抽絲勁來鍛鍊內功。抽絲勁分兩

種，分順抽和逆抽。順抽是由腳跟至手指之抽，逆抽是由手指回歸腳跟之抽。路線交叉而出，左手右腳，右手左腳。在前輩著書中稱為九曲連環，也有的稱為開合。在盤架推手中因姿勢方向等關係，雖順、逆兩種抽絲勁，卻分化出十種抽法。前輩大師稱此為十二抽，並視為內功勁法，是盤架子中練內勁的圭臬。

八、練功什麼時間最好？

答：按太極拳傳承要求「露水功」，指晨時3點至5點，又稱寅時，並稱「寅亦引也」「引達於寅」，人體亦然。萬物始動之時，體內生機亦起。此時疏通引達，正氣必暢行而旺盛矣。

按現實說法，晨起空氣新鮮，環境幽靜，練功易靜，故晨練效果最佳。可是現實生活緊張，工作學習繁忙，況且有的工作三班倒，晨練很難正常堅持，只能是拳不離手，可根據自己時間隨時練習。筆者周圍多有拳友，如此堅持練功，也均收到練功效果，有的還練出了較高功夫。

九、「築基功」「無極功」「漫步周天」等修煉方法的名稱，是楊振基大師所傳功法體系中早已有之，還是胡貫濤老師總結所學所悟自己命名的？

答：功法名稱在楊家至少已傳三代，據楊振基師父講，「漫步周天」最早叫「奇步周天」。楊式太極不古老，現在第四代人尚在，功法傳承不會亂，以我的身份更不敢亂，因此這本書就叫《楊振基傳太極拳內功心法》。

十、多年行拳，已經進入逆腹式呼吸了，練所有椿功還要從自然呼吸、順腹式呼吸重新來過一回嗎？步步升

階，每一步功成的知覺狀態是什麼樣的，學者很難把握，師者可否說明？

答：可繼續使用逆腹式呼吸，從築基功開始，椿勢改為抱腹椿，先練呼字功，不要想穴位，上守人中，下守心窩，心窩氣足，不要用意念，使氣自行入丹田。你始終在找感覺，犯了練功大忌，練功要用清淨心，讓感覺來找你。

十一、「小周天」功法是不是太極拳內功？什麼是「長三關」「豎三關」？

答：本書「築基功」「無極功」是打通任督二脈的功法，另一個名字即「小周天」。三關指「尾閭關」「夾脊關」「玉枕關」。「無極功」內氣自下沿三關向上升騰，帶動人體緩緩略微前俯（功感）稱「長三關」，前輩大師又叫「升三關」。內氣自上而下沿三關向會陰穴沉落時，帶動上體緩緩豎直，稱為「豎三關」又叫「降三關」，這是楊式太極拳特有的功法。

以上內氣結合楊式拳架動功「摟膝拗步」「倒攆猴」「扇通背」較易體會。

十二、什麼是內三合、外三合，怎樣練才是正確的？

答：「六合」是所有內家拳強調的練法，常講神與氣和，氣與力合，力與意合，手與腳合，肩與胯合，肘與膝合。初學拳者讀此常發懵。

以我的經驗而言，習拳者不練內功，過分強調此「六合」特別是內三合，有時無法練拳，如練心法能進入本書所講第二階段「無極功」，再找明師略作指點，事半功

倍，即成「六合」拳架。不論養生或技擊，功夫上都是一次飛躍。

十三、楊式太極拳雲手是否不動腰？

答：雲手是以腰推肩、以腰帶胯促動膽經的典型動作。「膽經」自「瞳子髎」穴起至「足竅陰」穴止，多達人體44穴位，見本書167～168頁「足少陽膽經圖」。其中自31穴「風市」至40穴「丘墟」，雖然中醫用其治療多種疾病，但日常生活中此部位很難得到有效鍛鍊，故前輩大師創拳架雲手，是多次重複動作。內煉功法「築基功」以「肝經」帶動「膽經」，促動經絡運行。

雲手在推手中的使用是一形生萬形，定步、活步推手中的打輪就是雲手。

十四、書中前言寫田耀東師父評楊師打拳如風中蘆葦隨風而動，是太極拳飄的功夫。能否講一講「飄」怎麼練的？

答：太極拳功夫有時很難用文字表達清楚。由掤、捋、擠、按、肘、挒、採、靠、進、退、顧、盼、定十三勢，演繹出的湧、撞、飄勁，被前輩大師稱為太極勁。其中飄勁又被稱做「隨風擺柳」。

「隨風擺柳」在太極拳的表現形式是，太極功夫純熟者在實戰和推手中，不論對手的力量從何方來，均透過身體、手臂等和對方的力量接觸點，隨對方動而先動，即便對方忽東忽西，而自己整勁不亂。如恩師楊振基所說：「我不動，跟你走。」在對方力量擊打中，我方身體如風中垂柳，你進我退，你退我隨，你靜我止，這是太極高手

的沾、黏之勁。

十五、山西形意拳有大杆練法，楊式太極大杆卻未外傳，是否太保守？

答：大杆確是一種太極功法。據師門傳承大杆最早是大槍。楊式太極二代師祖楊班侯，青年時善用大槍，槍長丈六。因班侯性烈，其母教導「只要心中有槍，無槍頭也是槍」。班侯遵母教，摘掉槍頭，只持槍桿。後祖師露禪公和八卦掌祖師董海川、形意大師郭雲深研討拳法，見班侯持杆，無槍頭。聽了以上故事，贊楊家武者仁心。遂均命弟子持大槍者摘掉槍頭。後世功夫演變，三家均有了別於大槍的大杆練法。

目前楊式太極大杆有一杆、四杆和十三杆三種練法。大杆鍛鍊可增加功夫中的整勁，但很耗體力。歷代大師不提倡老、弱、病者習練大杆，並非保守。

十六、「築基功」和道家養生「六字訣」很相似，是否是一個功法？

答：這兩個功法不是一回事，道家養生「六字訣」，是利用「諧振腔」嘴型發音調整保養五臟，沒有心法。太極拳「築基功」是心法，是用內氣催動五臟，帶動任督二脈打通奇經八脈，來增加自身的內力，特別是意念點的培基是「氣海」即「丹田」。因此前輩大師才稱其為「築基功」，兩個功法相差很遠。

十七、渾圓功講究勁由於筋，力由於骨。力與勁啥關係？

答：前輩大師對力和勁有嚴格的區別，「力由於骨，

勁由於筋」出自楊氏老譜三十二目第十三目，是指練內功的人，力不是普通的拙力，而是骨節皮毛之外操也，故有硬力。勁是指「肌腱韌帶之收放」，練內功的人，「精氣內壯後，猶有妙出，於硬力者」。此為內勁，決非普通拙力。

關於力和勁，前輩大師有專門論述：「力由骨陷於肩背，而不能發，勁由於筋而能發，且可達於四肢。力為有形，勁則無形，力方而勁圓，力澀而勁暢，力遲而勁速，力散而勁聚，力浮而勁沉，力純而勁銳。」

真正內力和內勁，用文字很難解釋清楚，還是等內功上身後，自行體會最好。

十八、「穩、準、狠、嚴，何必招法，順其自然」何解？

答：這是一句拳諺，聽起來深奧實則簡單。這是對太極拳技擊術的一種形容。

外家拳高明的拳家，習慣於以某種固定的招式發揮自己的專長，在技擊對抗中常靠它克敵制勝，這些招法被人稱為絕招。

太極拳前輩大師，從沒有招法之說，太極拳功夫上身與人交手沒有招法。師祖楊澄甫拳論「化勁要鬆淨，放勁要乾脆，發勁如擲杯，要擲就擲，要去就去……」也曾有人問太極大師郝月如先生，太極拳掤、捋、擠、按、肘、挒、採、靠八個勁怎麼區分？郝師答：「我一伸手就是八個勁。」這就是太極拳功夫，穩、準、狠、嚴，沒有招法，順其自然的技擊術，要做到這些，靠的是太極拳各項

基礎功夫的紮實、熟練。

十九、太極拳十三勢有掤、挒、擠、按、肘、捋、採、靠八個勁法，但有些書上說太極拳是掤勁拳。請問太極拳八個勁和掤勁什麼關係？

答：你提的問題較複雜，各門派有多種說法，我只能答楊振基大師的傳承。

1. 在全動之下，掌心由內向外纏絲稱為掤勁。

2. 在全動之下，掌心由外向內纏絲稱為捋勁。

3. 雙手同時將掤勁交叉向外掤出稱為擠勁。

4. 雙手向下圈沾著一點而不離開的下掤勁稱為按勁。

5. 雙手交叉向左右前後雙分的掤勁稱為採勁。

6. 將掤勁捲蓄起來，在短距離內猛然掤出稱為挒勁。

7. 手腕出了方圓圈用二道防線時的掤勁，稱為肘勁。

8. 肘出了方圓圈外，用三道防線身軀的掤勁稱為靠勁。

綜上所述，太極拳歸根結底練的是掤勁，所以有人稱為掤勁拳。師祖澄甫公又稱掤勁為彈簧勁，掤勁的具體使用，僅用文字很難寫清楚，拳友還需找明師言傳身教為好。

二十、有人講太極拳內功是「五氣朝元」，請問何解？

答：「五氣朝元」不是指功法，前輩大師拳論中講，練功時「眼不見魂在肝，耳不聽精在腎，舌不言神在心，耳不聞魄在肺，四肢不動意在脾」，此為「五氣朝元」，是歷代大師站樁、坐樁靜功修煉的經驗之談。「五氣朝

元」很適合習練者作為練功守則，如能按以上要求練功，當可事半功倍。

二十一、打通任督二脈和技擊能力是否有關？

答：師門所傳楊式太極拳具有四項最基本的功能。

1. 具有養生的功能。如五臟、五官的調整，頭髮緩白、眼睛明亮、耳朵不聾、牙齒結實、消化系統的暢通等。

2. 有易筋換骨的功能。如肌肉結實、筋骨飽滿、內臟健康。

3. 有保護身體的功能。除了比武防衛之外，更重要的是遇到意外衝擊能瞬間防衛身體，使身體受傷降到最低，並能快速修復。對自然界的冷熱寒風等有自我調整和防護功能，特別是日常工作中能快速消除疲勞。

4. 具有強大的爆發力。能瞬間凝聚全身力量，給對方以強大的衝擊力。

打通任督二脈和技擊沒有直接關係，但是楊式太極拳四項基本功能，離開打通任督二脈，一項也不存在。如內練功夫打通了任督二脈，遇明師略加指點則事半功倍，四項基本功能即可上身。

附 錄
「三十二目」探蹟①

一鍵購買
《大極法説》

近代太極拳史論略談

　　楊露禪，原名楊福魁，字祿躔，出生在直隸廣平府城南門外十五里地的閻門寨楊家老宅，自幼喜好武藝，年輕時奔走於冀豫間，傾貲從陳家溝學得一套叫綿拳、或叫囮拳的陳家拳術，藝成之後，在永年城關傳授此拳。當地的士紳子弟紛紛向他拜師學藝，武氏昆仲三人便是其中的佼佼者。

　　武家老二，叫武汝清，1840年考中進士，去刑部做了京官，因為參與審理了當時朝廷的一件打大老虎案，協助清軍將帥薩迎阿，鞫訊時任陝甘總督琦善的「剿青海番匪」案，以剛正清廉名滿京城，《清史稿》記此事。武汝清晚年還被賞了二品的官銜。他赴京城為官期間，將楊露禪舉薦到京城授拳。

　　武家老大叫武澄清，比老二大4歲，卻晚了12年，

① 本文作者為太極文化學者江瀾先生（筆名二水居士）。江瀾先生聞筆者新書將出版，慷慨贈稿為拙作增色，更為讀者全面瞭解、修煉楊式太極功法《三十二目》提供了極大幫助。在此復向江瀾先生致以謝意。胡貫濤注。

才於1852年考上了進士，後去舞陽做了縣令。一個偶然的機會，他在舞陽的鹽店裡發現了山右王宗岳的《太極拳論》。山右，蓋指太行山以西，今山西境內。除此，王宗岳是誰，什麼年代人，生活境況如何，跟誰學了太極拳，他是不是有傳人等，所有資訊都不詳。所以直到今天，「王宗岳」依然是個謎。武澄清得到《太極拳論》後，興奮異常，他跟兩位弟弟講，王宗岳的拳論，與他們跟楊露禪學到的拳是一個道理，只要好好研讀拳論，寶貝全在裡面了。

老三武河清，沉溺於此拳。他屢試不中，沒有博得功名，於是乎，志於太極拳的研究。他便是日後武式、郝式、孫氏等太極拳界尊為開派立宗一代宗師的武禹襄。

歷史的奇妙之處就在於，永年城關的武氏昆仲三人，與閻門寨的楊露禪之間一旦有了關聯性，便開始演繹出奇妙的事情。就像是從陳家溝販運來的一顆「馬鈴薯」，在王宗岳《太極拳論》這本奇妙的「菜譜」指導下，經過楊露禪與武氏昆仲合作烹製，就被烘烤成了高大上的菜品「馬鈴薯」了。從此，原本只是局限於鄉野村落逞一拳一腳之能的陳家拳，開始登臨大雅之堂；從此，這套拳，被冠名為「太極拳」，以太極拳名義「借殼上市」了。

其實，陳家溝族人早年都聲稱，陳氏之拳是在乾隆年間人由一位綽號叫「蔣把式」的人傳入陳家溝的。雖然陳鑫在《文修堂舊抄本》中，切切告誡族人：「陳氏之拳，傳於蔣氏，此言大為悖謬……嗣後絕不可言陳氏拳法傳於蔣氏」，但他這種「不至敗先人宗幸」的苦心，依然無法

抹殺一個事實，那就是乾隆年間，有一個叫「蔣把式」的人，將這顆「馬鈴薯」販運到了陳家溝。另外，從《文修堂舊抄本》《兩儀堂拳械譜》以及陳家拳的編排套路來分析，這顆經「蔣把式」販運到陳家溝的「馬鈴薯」，之所以能在陳家溝立地生根，究其原因，是經過品種改良，且具有強大的生存能力。而改良這顆「馬鈴薯」品種的人，就是大名鼎鼎的戚繼光。

當年，戚繼光在浙東沿海抗倭時，為訓練士兵，在「身法活便，手法便利，腳法輕固，進退得宜」「呂紅八下雖剛，未及綿張短打」「如常山蛇陣法，擊首則尾應，擊尾則首應，擊其身而首尾相應」等原則指導下，綜合了當時所見的數十種武術形式，「擇其拳之善者三十二勢，勢勢相承，遇敵制勝，變化無窮，微妙莫測」，編選了這套拳經。就是這樣一套經過戚繼光選編的「軍體操」，才是近代太極拳真正的前世塵緣。

後來，這顆馬鈴薯，經過精心烹製，被楊露禪以「太極拳」之名，販運到了京城，備受清朝王公貴族、達官貴人的青睞。楊福魁，這位出生於閻門寨楊家大院的鄉野平民，雖然家境殷實，但並無官宦背景，名之「福魁」，字以「祿躔」，家族前輩一定冀望他日後能以一技之長，雙腳踏踏實實地踐行在福祿之路上，光宗耀祖。他也不負眾望，從此以「楊無敵」的雅號，登上歷史舞臺。他的兒子楊班侯，也被舉薦任清旗營武術教官，被授予武德騎尉官職。楊家兩代人的傳奇人生，一再被各類文藝形式所演繹，「楊祿躔」也被同音俗傳為「楊露禪」。楊家幾代

人為太極拳傳播所作出的傑出貢獻，永載史冊。誠如楊季子《拳家雜詠》所詠：「功令推行太極拳，於今武術莫能先。誰知豫北陳家溝，卻賴冀南楊氏傳。」

民國年間，太極拳被尊為「國術」，在「強種強國」的召喚下，「功令推行」，風靡大江南北。據不完全統計，而今全球有一億五千萬的太極拳愛好者。太極拳，儼然成了中華民族的一張文化名片。

作為非物質文化，太極拳的傳承，像是一檔叫作「拷貝不走樣」的遊戲，十幾人排好隊，一一被隔離開來，主持人拿一張「提示牌」給第一人看，讓他用形體動作來模仿提示牌的文字內容，譬如「吃麵」。第一人只能用肢體語言模仿吃麵的動作，傳達給下一人，然後第二人就只能靠眼睛觀察所看到的動作，心領神會後，他也用自己的肢體語言，再將意思傳達給下一人。一傳二傳之後，拷貝都走了樣，甚至是面目全非了。

太極拳這場傳承遊戲裡的「提示牌」，無疑便是《太極拳論》。這張「提示牌」，歷來被視作是武林秘笈，「有者甚屬寥寥」「自宜重而珍之，切勿輕以予人」「後世萬不可輕泄傳人」「匪人更不待言矣」「如其可以傳，再口授之秘訣」。

這些稀而彌珍的拳譜，幾經顯微闡幽，彰往察來，傳承者參會自己的體悟，在修煉拳藝的同時，也發展著太極拳理論。自從1854年，武澄清在舞陽鹽店發現王宗岳《太極拳論》以來，在短短的四五十年間，太極拳理論大體經歷了以下幾個階段：

第一階段，為太極拳理論的初創期。

這一時期的文論內容，主要圍繞著舞陽某鹽店獲得的王宗岳《太極拳論》相關文字，會參了武禹襄等諸家講論，以兩條脈絡流傳於世：其一是武禹襄將所得王宗岳拳論，加以釋解後，贈貽楊家，楊家幾代拳學者在此基礎上加以竄益，附錄於楊、吳兩家公開出版的諸家太極拳論著中；其二，李亦畬得諸武禹襄贈貽的拳譜後，附以「小序及五字訣」等拳學心得，手抄三本，其一贈予其弟李啟軒，其二贈予弟子郝和，其三自存，俗稱「老三本」。

其中李啟軒藏本，曾被重編次序後，夾雜他家講論付梓刊行。

第二階段，為太極拳理論的繁榮時期。

這一時期是以《太極功源流支派論》為代表，俗稱「宋氏家傳本」。此階段拳譜，將李亦畬「老三本」中「不知始自何人」的太極拳，一下子與許宣平、李道子、韓拱月、程靈洗、張三豐、僧仲殊等眾多佛道仙尊發生了關聯。這一時期的拳譜，於拳史源流而論，紛繁蕪雜，或荒誕不經，但卻別具魅力，就像是黃山的雲海，變化萬千，神秘莫測。同時，此譜對後世武俠影響也最大。

看過《神雕俠侶》的人一定知道，瀟湘子和尹克西從少林寺藏經閣中盜得這部經書（《九陽真經》），被覺遠大師直追到華山之巔，眼看無法脫身，剛好身邊有只蒼猿，兩人心生一計，便割開蒼猿肚腹，將經書藏在其中。《倚天屠龍記》裡，覺遠大師臨死前念念有詞的《九陽真經》就是這本經書。張三豐、郭襄和無色大師聽了後，各自默

記了一部分，從此奠定了少林、峨眉、武當三派的內功基礎。這個故事，折射出此階段「宋氏家傳本」對後世多種拳譜的影響。

第三階段，是太極拳理論的巔峰階段。

這一時期是以楊家傳抄的太極拳老拳譜（三十二目）為代表，俗稱「三十二目」，此譜部分內容陸續見諸楊澄甫、董英傑、陳炎林、田兆麟、顧留馨、沈壽等相關太極拳圖集中。而以影印本形式全本面世的只有吳公藻藏《太極法說》及楊振基藏「楊澄甫家傳的古典手抄太極拳老拳譜」（簡稱「家藏本」）。

此拳譜，具備自身獨特的拳學理念，且具系統的理論層次，文論內在邏輯嚴密，將太極拳理論從原本的逞一拳一腳之能，昇華為「自天子至於庶人，壹是皆以修身為本」「盡性立命，窮神達化」的性命之學。

張三豐之於太極拳，抑或是魯班之於木作百工，唐明皇之於梨園，抑或炎黃始祖之於每一位黃皮膚、黑眼珠的華夏子孫，這是一份文化的積澱與精神慰藉。雖然我們知道河姆渡文明，就已經有了經典的木作構件，遠在唐明皇之前，夏商周時期，我們的舞蹈藝術已經達到非常高的水準，炎黃始祖也未必與我們每個人的基因有關聯，但是這一切，不影響我們對於魯班，對於唐明皇，對於關老爺，對於炎黃始祖的精神皈依。

就像是太極拳，雖然我們至今還不清楚，究竟是什麼年代，究竟是誰第一個將一門拳技形式，稱作了太極拳；也不知道王宗岳所傳承的太極拳，究竟與楊露禪、武氏昆

仲所傳承的拳技，有何內在的關聯性，但是作為一門精妙
的內功拳藝，一定是需要千百年的文化積澱；作為高深的
太極理論，也一定是經歷了千百年的文化演進；作為經典
太極圖標的陰陽魚太極圖，也一定是經歷了千百年中外文
化的交融與碰撞。但無論如何，這一切的一切，張三豐之
於太極拳，就始終像是一份揮之不去的情結。

究其太極拳的傳承源流，就像是傳統大宗族的續修家
譜，顯然，我們只能從自身出發，找父輩，再找祖輩、曾
祖輩……一代代溯流而上，追探其本，而不能從炎黃始祖
開始，一代代往下順流下來，這樣就會迷失自己的家園。
追溯太極拳的傳承源流也一樣，我們不妨從自身的拳技流
派出發，由下而上，一輩一輩、一代一代地追尋先祖，而
不能一味地好古敏求，貿然地從許宣平或李道子等仙流，
一代代地往下找尋自己的身影，這樣一定會迷失自己。

一種武術形式，一旦賦予了「太極」之名，它就不僅
僅只是一項體育運動，更不能只作為逞一拳一腳之能的武
術來界定它。它不同於魏晉玄學的清談，也區別於佛教的
公案清修或棒喝禪悟。

太極拳以天人同體之理，得日月流行之氣，從一氣流
行的拳架訓練，到四手對待的推手訓練，不偏不倚，不
將不迎，知覺運動，尺寸分毫，要旨在於一舉一動中，
去把握世事萬物將發而未發、預動而未動的端倪中，去觀
照和感觸陰陽消長的機，進而「允執厥中」，在流行對待
之中，當行而行，當止而止，內外交養，在放卷得其「時
中」。從體育之學入手，進階為修身之道，進而漸入性命

之功。太極拳是一門調控身心的學問，是一門反求諸己的學問，是一門性命踐行的哲學。

「三十二目」版本概述

作為太極拳理論巔峰階段的經典理論，楊家太極拳老拳譜三十二目（下簡稱「三十二目」）以影印件形式全本面世的，目前僅見有兩個版本。

第一個版本：1985年10月上海書店據吳公藻香港出版的《吳家太極拳》影印出版的《太極拳講義》，此影印本，封面有吳鑒泉簽名，鈐印「吳愛仁堂」「吳鑒泉章」兩章，並題名「太極法說」，右側，吳公藻硬筆題簽「吳氏家傳太極拳體用全書」，並署名「黎鐸珍藏1948」，鈐蓋「吳公藻」「黎鐸之印」「黎鐸」三方印章。封裡，吳公藻又用硬筆書寫：「此書，乃先祖吳全佑府君拜門後，由班侯老師所授。是於端芳親王府內抄本。在我家已一百多年。公藻在童年時，即保存到如今。吳公藻識」54字，鈐蓋「吳公藻」印章。習慣上，此本被稱作「佑本」三十二目，或《太極法說》。

「佑本」目錄下稱「共三十二目」，正文實則另有「太極空結挫揉論」「懂勁先後論」「尺寸分毫在懂勁後論」「太極指掌捶手解」「口授穴之存亡論」「張三豐承留」「口授張三豐老師之言」「張三豐以武事得道論」八篇，合計為四十目。

「佑本」扉頁「吳公藻識」中涉及的端芳親王府，坊

間都視作楊家授拳清廷王公貝勒府之佐證。因不存在「端芳親王府」，好事者於是自作聰明，想當然地將「端芳親王府」當作是「端王府」。清廷前後雖然有三位「端王」，楊露禪、楊班侯父子，也雖曾在清朝王公貝勒府授拳，但可以肯定的是，邀楊露禪、楊班侯父子授拳的王府，絕對不會是在端王府。原因是，前兩位被乾隆爺進諡為端王時，楊露禪尚未出世。光緒二十年，慈禧進封端郡王期間，已經是西元1894年。時年，楊班侯已過世兩年。由此可見，楊家楊露禪、楊班侯父子，是無緣得見這三位端王的。

第二個版本：1993年3月廣西民族出版社出版楊振基演述、嚴翰秀整理的《楊澄甫式太極拳》，其書第七章「楊澄甫家傳的古典手抄太極拳老拳譜影印」，楊振基先生於1992年6月20日書寫《影印件說明》，云：「手抄本太極拳老拳譜三十二目長期在我母親處保存，1961年末我要去華北局教拳，母親將此手抄本交與我，由於此本作為自己的內修本也就沒有外傳，今趁出書之機把它公佈，讓廣大愛好太極拳者借此有新的思索和提高太極拳理論水準，這是我所盼。」此書的重要意義，也在於以全本影印本形式公開了楊家自藏《楊家太極拳老拳譜》。

此本目錄下也稱「共三十二目」，實則也與「佑本」一樣，正文另有「太極空結挫揉論」「懂勁先後論」「尺寸分毫在懂勁後論」「太極指掌捶手解」「口授穴之存亡論」「張三豐承留」「口授張三豐老師之言」「張三豐以武事得道論」八篇，合計為四十目。

「佑本」有眉批、眉圈，不作句讀；此本有句讀，但句讀不通暢處頗多。

對照這兩本影印本，發現有驚人相似處，甚至在傳抄過程的錯別字也錯得一樣，重疊字、異體字的寫法也有不少相同，而且字體同系「帳房體」。「佑本」字體比較統一，字雖不具有書法價值，而通篇布局，亦一氣呵成。而

此本有明顯的照本臨摹現象，臨摹的字體卻也與吳本字體相近，似出自同一母本的傳抄。然而，仔細辨別，吳本錯訛處，此本或有不差錯，此本錯訛處，吳本或有不錯訛。此本「尺寸分毫在懂勁後論」「太極指掌捶手解」「口授穴之存亡論」三篇字體，率性而為，沒有臨摹痕跡。由此可推斷，這兩個文本其實不是出自同一母本，也非同一人傳抄。而此本的母本則可能與吳本係出同一母本，或係出一人傳抄。

楊振基的母親嫁與楊澄甫老師後，改名楊助清，此本「長期在我母親處保存」一節，可見在她眼裡，此拳譜是秘不外傳的。另從此本影印件可知，原本紙張防氧化、防書蟲侵蝕的工作相當細膩，保存相當完好，少有「內修」翻閱的痕跡。這大凡是楊太夫人秘藏於箱底的功勞了。為紀念楊太夫人家藏之功，權將此本稱之「藏本」，以別楊家其他本拳譜。

這兩版本的重要意義，在於以全本影印本形式公開了「三十二目」。而相關的內容，陸續自1931年楊澄甫老師《太極拳使用法》、1948年中華書局香港印刷廠出版的董英傑先生《太極拳釋義》、1949年1月由國光書局初版

發行署名「陳公」的《太極拳刀劍杆散手合編》、1953年7月1日，田兆麟老師在滬學生為田兆麟老師刊行的《太極拳手冊》、1963年顧留馨編著《太極拳研究》一書，附錄五《楊澄甫太極拳老拳譜》選入沈家楨抄自楊澄甫老師處的拳譜，以及1991年10月1日人民體育出版社出版的沈壽《太極拳譜》點校本等，多有披露。

其他諸本簡述如下。

【澄本】

1931年楊澄甫先生《太極拳使用法》一書出版。金仁霖老師在《為〈太極拳體用全書〉正名》一文中談道：「一天，楊澄甫老師拿了《太極拳使用法》裡的拳架、推手、大捋使用法、對杆等照片和部分初稿，以及家傳《老譜》（即三十二目，實為四十目）等資料……要葉大密老師為他整理訂正《使用法》草稿、圖片等，準備出版。由於當時葉大密老師白天忙於醫療業務，晚上又在社裡（1926年11月，葉大密老師於上海成立的武當太極拳社，係有史以來最早的以太極拳命名的體育團體）教授太極拳，因而耽擱了一段時間沒有動筆……葉老師就推薦當時擔任『愛國女中』校長的社員（武當太極拳社社員，其時，鄭曼青、黃景華、濮冰如等同為該社社員）季融五老先生，和楊澄甫老師同去杭州，一邊聆教，一邊詳加修改，希望這本書能夠流傳於後世，不得不鄭重其事。可惜楊澄甫老師出版之心甚急，未蒙採納，匆匆將照片、原稿等資料，交董英傑老師整理一通後，送交文光印務館排版出版，由神州國光社發行出售。由於書中文辭語句，文

言、白話、俚語、俗語混雜,很不協調,圖解說明錯誤又多,因此,出書不久,楊澄甫老師即命出版館將原版毀去,發行社將存書收回。」董英傑在該書序中云「余幼讀書」等,並附「勸諸同志莫懈心,日月穿梭貴如金」一詩。唐豪在1936年出版的《王宗岳太極拳譜・陰符槍譜》一書中即有如此記載:「楊澄甫《太極拳使用法》出版後交神州國光社發行。因為內容太質而不文,例如書中(147頁)『有說一力強十會』下注(有禮)二字,(148頁)『我說一巧破千斤』下注(不錯)二字,這些都是江湖套語,號稱能文章的楊氏弟子,看見了覺得面子上有些那個,反對將該書出售,所以不久即行收回,現已不易購得」云。所以,在《使用法》這件事後,楊澄甫老師內心似有錯怪葉大密老師之意,就於1932年2月10日,楊澄甫老師乘葉大密老師向他拜年之機,送給葉大密老師一張署有上下款署名的楊澄甫老師本人照片。另外留在葉大密老師處的那本《楊家太極拳老拳譜》,也就送給了葉大密老師。此本老譜,部分內容業已收入進《太極拳使用法》一書,實為公開出版的最早的《楊家太極拳老拳譜》的部分內容了。為紀念楊澄甫老師的無私,我們將它簡稱為「澄本」。可惜的是,澄本的原本,原先一直存放在葉大密老師處,後因楊澄甫老師的一些拜門弟子,對此心存覬覦,葉大密老師特將此原本存放在同為楊澄甫老師拜門弟子的濮冰如老師處。由於濮冰如老師無防人之心,20世紀40年代後期,該原本拳譜被人借去,而今下落不明。而今,我們只能依靠澄本和依據澄本原本抄錄的董英傑先

生本（下稱董本）來儘量還原澄本原本的原貌了，這不能不說是太極拳界的一大損失！

澄本收錄《楊家太極拳老拳譜》計十六篇。「大小太極解」一篇，編排在「四隅推手法」後、「王宗岳原序」前。「八門五步」「八門五步用功法」兩篇編有序號，「沾黏連隨」「頂匾丟抗」「對待無病」「對待用功法守中土」「身形腰頂」「太極圈」「太極上下名天地」「八五十三勢長拳解」「太極陰陽顛倒解」「太極分文武三成解」「太極輕重浮沉解」「太極血氣根本解」「太極尺寸分毫解」等沒有序號，但分列於其後，集中編在「太極槍得傳歷史序」前。85頁另有「太極指明法」，未被他本《楊家傳抄老拳譜》所收錄，而文意精要，特補充於此，供參考：

太極指明法：用勁不對，不用力（勁）不對，綿而有剛對。丟不對，頂不對，不丟不頂對。沾不對，不沾不對，不即不離對。浮不對，重不對，輕靈鬆沉對。膽大不對，膽小不對，膽要壯而心要細對。打人不對，不打人不對，將敵治（得）心服對。

【董本】

上海書店1987年11月第一版的董英傑先生《太極拳釋義》，原係1948年中華書局香港印刷廠第一版董英傑先生同名書籍翻印。董英傑先生因執筆整理楊澄甫先生的《太極拳使用法》一書，自然有機會翻閱澄本之原本。從其1948年《太極拳釋義》初版時公佈的部分《楊家太極拳老拳譜》來看，董英傑先生在手抄澄本之原本時，作了文字上的梳理和句讀。雖然這些梳理和句讀有修整錯訛之

效，也便於讀者閱讀，但也不乏以訛傳訛、錯上加錯處。
而將董本與澄本對照研究，就復原澄本原本之本來面目而
言，其以訛傳訛、錯上加錯處，則更能體現其真實性。

董本收錄《楊家太極拳老拳譜》凡二十五篇。「大小
太極解」一篇編排在《學拳須知》內。其餘二十四篇編入
《歌訣論解》中。「八門五步」「八門五步用功法」兩篇
中的「步」，在其目錄中誤寫成「部」。其餘二十二篇名
目分別為「沾黏連隨」「頂匾丟抗」「對待無病」「對待用
功法守中土」「身形腰頂」「太極圈」「太極進退不已功」
「太極上下名天地」「太極人盤八字歌」「太極體用解」
「太極文武解」「太極懂勁解」「八五十三勢長拳解」「太
極陰陽顛倒解」「人身太極解」「太極分文武三成解」「太
極武功事解」「太極正功解」「太極輕重浮沉解」「太極四
隅解」「太極平準腰頂解」。其中「太極武功事解」在所
見其他各本中，具作「太極下乘武事解」，文字也出入較
大，大凡也是這位「能文章的楊氏弟子」梳理之功了。

「大小太極解」他本均不備，而澄本、董本另眼待
之，也值得研究者關注。

【田本】

1953年7月1日，田兆麟老師在滬學生為田兆麟老師
刊行《太極拳手冊》，何孔嘉先生序言云：「為助成田教
師的宏願，特將其平日講授之精義以及寶藏之錦抄，彙編
成冊，分贈諸同志，以備析疑並希教正之」云。可見，此
本《太極拳手冊》屬於內部資料，為非賣品。書末，家師
金仁霖先生用藍墨水筆對此書的來歷等，寫有數行說明：

「此本請大密先生向田兆麟先生處要來，所錄拳譜係楊氏老譜，字句稍有舛誤，已為校正，復手抄一本，以為他日與新譜合刊之用。五四年一月三十日仁霖識」。

《太極拳手冊》無目錄，從正文來看，分以下幾章節：一、序（何孔嘉）二、太極拳釋義（田兆麟）三、拳譜四、太極拳名稱（90式）五、太極拳之七腳。其中「三、拳譜」中，有《楊家太極拳老拳譜》內容凡26目，分別為「八門五步」「沾黏連隨」「頂匾丟抗」「太極圈」「對待用功法守中土」「太極進退不已功」「太極體用解」「太極文武解」「太極懂勁解」「八五十三勢長拳解」「太極分文武三成解」「太極下乘武事解」「太極正功解」「太極輕重浮沉解」「太極四隅解」「太極平準腰頂解」「太極尺寸分毫解」「太極膜脈筋穴解」「太極字二解」「太極節拿抓閉尺寸分毫解」「太極補助氣力解」「懂勁先後論」「尺寸分毫在懂勁後論」「太極指掌捶手解」「口授張三豐老師之言」「張三豐以武事得道論」。另外還附有「太極拳真義」「八字歌」「心會論」「周身大用論」「十六關要論」「功用解」「用功五」等數篇其他拳論。

可見，田兆麟老師在滬學生在彙編此拳譜時，不只採用一本拳譜，也不是將田老師所珍藏的《楊家太極拳老拳譜》所有內容都刊用的。因而，此本也只是田老師所藏之《楊家太極拳老拳譜》中的部分內容。

此本拳譜之原本，據田兆麟老師言，係1917年田兆麟老師奉楊健侯老師遺托，來杭州授拳，楊健侯老師在臨終前交由田兆麟老師的。金仁霖老師點校此拳譜後，發

現此譜在刊行過程中，字句雖稍有舛誤，但義理精微，較他本老譜，猶有深意，遂欲與葉大密老師同赴田兆麟老師家，以期一窺原本，由於種種原因，未能成行。後來田兆麟老師因病去世，田老師幾位學生似有爭繼衣鉢意味，葉大密老師與金仁霖老師為避嫌疑，遂將此事耽擱下來。之後，葉大密老師曾向田家公子問及此拳譜的下落，田公子曰：「已弟兄間均分矣！」似無借閱意。不知「文化大革命」後，此本尚安然無恙？田本文字與他本出入較大，然義理精到，我曾逐一敲錄成文字稿，編入《太極拳傳心錄二種》之《雪涊太極傳心錄》中，摘錄數則，供參閱：

太極平正（準）腰頂解

頂如準，故至（日）頂頭懸也。二手，即平左右之盤也。腰即平之根株也。若平準稍有分毫之輕重浮沉，則偏顯然矣。故習太極拳者，須立身中正，有如平準。使頂懸腰鬆，尾閭中正，上下如一線貫串。轉變全憑二平，分毫尺寸，須自己細辨。默識揣摩，容（融）會於心，迨至精熟，自能隨感斯應，無往不宜也。車輪二，命門一，纛搖又轉，心令氣旗，使自然，隨我便。滿身輕利者，金剛羅漢煉。對待有往來，是早或是晚。合則發放去，有如凌霄箭。滋養有多少，一氣哈而遠。口授須秘傳，開門見中天。

太極字二解

挫（柔）揉捶打，〔於己於人〕，按摩推拿，〔於己於人〕，開合升降，〔於己於人〕，此十二字（習）皆用手也。

屈伸動靜，〔於己於人〕，起落急緩，〔於己於人〕，閃

（閃還）撩了，〔於己於人〕，此十二字於己氣也，於人手也。

轉換進退，〔於己身也，於人步也〕，顧盼前後，〔於己目也，於人手也〕，即瞻前眇後、左顧右盼，此八字，關乎神者也。

斷接俯仰，此四字關乎意勁也。（斷）接關乎神氣，俯仰關（乎）手足也。

勁斷意不斷，意斷神可接。勁意神俱斷，則俯仰矣。因手足無著也，俯為一叩，仰為一反，不使叩反，非斷而（復）接不可。對待之時，俯仰最當留意，時時在心，手足不使斷接之能，非見隱顯微不可。隱微如斷而未斷，見隱如接而未接。接接斷斷，斷斷接接，其心意身體神氣，極於隱顯，又何患不沾黏連隨哉。

他本的「車輪兩命門」與「太極字字解」中的「兩命門」與「字字」均無解，而此本皆一一落於實處，且文風清新，面目可人。

【炎本】

署名為「陳炎林」著的《太極拳刀劍杆散手合編》一書，1949年1月由國光書局初版發行。此書原先由田兆麟老師口述，有田老師學生陳炎林等人共同執筆，田老師學生石煥堂等人拍攝拳功照片。

成稿於1943年。原本應該是田老師與他弟子共同創作的結晶，而在臨近出版時，陳炎林以照片排版多有不便為由，將石煥堂等人的照片改換成據照片臨摹的圖片，將作者只署「陳炎林」一人。

　　此事，引起了田老師眾多學生的憤慨，紛紛要求向陳炎林討一個說法，皆被田老師勸阻下來。值得一提的是，該書自1988年始，幾經上海書店影印發行，2003年更有化名「青山、石恒」者，將此書改頭換面，取名《楊式太極拳發勁、運氣、練勢》，在北京體育大學出版社出版。此書附錄太極拳論若干，均非《楊家太極拳老拳譜》範疇，然散落在正文卷一至卷四文字裡，被引用的與《楊家太極拳老拳譜》相關內容，卻能與田本相映照，對證實和復原田本的原譜有重大意義。為此將該書散落在行文之中的與田本相關內容，稱之為「炎本」。

　　炎本所涉《楊家太極拳老拳譜》內容有兩種形式：其一為原文引述，指明出處。如卷一「太極拳之腰腿」一節中有：「太極拳老譜中云：『車輪輪。命門一。纛搖有轉。心令氣旗。使自然隨我便。滿身輕利者。金剛羅漢練。』可見命門之重要也。」

　　另一種情形是，不指明出處，而是將一則或數則楊氏太極拳老譜的文字，做少許改動，成了作者自己的理論。譬如卷一「十三勢解」，便是合併老拳譜「八門五步」與「八五十三勢長拳解」兩則而成。這種做法，自然是沒有學到「滿身輕利者，金剛羅漢練」的境界，自然也為我們研究楊氏太極拳老譜帶來了困難。

　　【沈本】

　　據說沈家楨先生從楊澄甫學拳時，抄自楊澄甫老師處。稱計有太極拳譜四十三目。其中包括《王宗岳太極拳論》一篇、《十三勢行功心解》一篇。原書名為《王宗岳

太極拳譜》。1963年顧留馨先生在編著《太極拳研究》一書時，選錄其中的十四篇，將其輯入該書附錄五《楊澄甫太極拳老拳譜》中。沈家楨先生已于1972年謝世，沈本原本今不知落入誰人之手。

此本四十三目剔除《王宗岳太極拳論》《十三勢行功心解》這兩篇，還應該有四十一目，與吳本、藏本之目錄為三十二目，實為四十目之抄本，相差一目。不知此目是否為澄本、董本中另眼相待的「大小太極解」，或澄本都有的「太極指明法」？

顧留馨先生選錄的其中十四篇，分別為：「太極平準腰頂解」「太極正功解」「太極輕重浮沉解」「太極力氣解」「太極文武解」「沾黏連隨解」「頂匾丟抗解」「對待無病」「對待用功法守中土歌」「太極圈歌」「太極四隅解」「太極武事解」「太極懂勁先後論」「太極尺寸分毫解」。

沈家楨先生在傳抄過程中，不僅將相關標題名稱做些調整，在正文中，也留下不少梳理文字的痕跡。這些梳理之作，不但為我們瞭解《楊家太極拳老拳譜》之原貌帶來了困難，而且以錯改錯，以誤改正等現象，也時有發生，譬如下文涉及的「勾門」「凶門」之誤。

【萬本】

據沈壽先生1991年10月人民體育出版社版的《太極拳譜》點校本，萬本為工楷手寫本。內容依次為《楊家太極拳老拳譜》、王宗岳著《太極拳譜》和宋書銘傳抄太極拳譜，實是三者的合訂本。全書共七十餘篇，總書名題為《太極拳功解》。因其所用十行紙，在旁框外的左下角

印有「萬縣興隆街裕興昌印」九個字，故稱「萬本」。沈壽先生沒有對此譜的來歷、下落做進一步考究，也沒有複印副本或影印本可供參閱，因而對認識此譜的價值，顯然如隔靴搔癢。

沈壽1991年10月出版的《太極拳譜》點校本，以此來歷不清、下落不明的「萬本」為母本，點校的缺陷自然也在所難免了。

「三十二目」成稿時間考

從上述數本文辭來看，老拳譜「三十二目」，文字風格不盡統一，統稿的思路也有多重線索，成稿時間或許是分作幾個階段，或有數人陸續完善定稿的。但從文中的用詞習慣以及內蘊的理學脈絡來分析，大體還是能夠找出成稿的時間。

現代漢語中有一種非常有趣的現象，那就是「借形」。大凡借形有兩種情況：其一，古漢語本來有該詞，日本人借去後誤解了或者賦予了新的含義，我們的留學生又從日文中借了回來。譬如「同志」「勞動」「封建」「反對」「博士」「學士」，等等；其二，日語借用漢語材料構成新詞，我們的留學生們認為比較能夠反映新生事物，因而也直接借用了。譬如「哲學」「共產」「政黨」「支部」「反應」，等等。倘若將前一種方法稱作「借屍還魂」，那麼後一種便有些「移花接木」的意味了。

「太極文武解」中「文者體也，武者用也。文功在

武，用於精氣神也，為之體育，武功得文，體於心身也，為之武事。夫文武又有火候之謂，在放卷得其時中，體育之本也……」「體育」一詞，古漢語中原本沒有，是日本人在翻譯盧梭《愛彌爾》時，採用「移花接木」法，借用漢語材料構造的一個新辭彙。這一辭彙在日本的出現時間為1868年，也即日文版盧梭《愛彌爾》出版的時間。從此節拳譜行文來看，「體育」一詞與「武事」相對立，是兩個有著完全不同深意的概念。

這一對概念又與中國古典哲學「體」與「用」緊密相連。直接的字面理解是：「文」這一「體」，在「精氣神」上的「用」，謂之「體育」；「武」這一「用」，在「心身」上的「體」，謂之「武事」。

暫且不管拳論刻意將這兩個概念加以區分，企圖說明什麼，有一點，我們是顯而易見的，那就是，拳譜中的「體育」二字告訴了我們一個資訊：「三十二目」的成稿時間不會早於1868年。

1840年，楊露禪從陳長興學拳畢，在永年設館傳授「綿拳」，武禹襄等開始從學。可見，此時的楊露禪所傳授的還不叫「太極拳」，理應不可能有系統的「太極拳譜」了。1854年，武澄清於舞陽鹽鋪得王宗岳《太極拳論》，贈予其弟武禹襄，近代之太極拳，始得以太極拳名。1866年，楊露禪經武汝清舉薦到北京教拳，清朝王公貝勒從學者頗多，後任旗營武術教師。此時的楊露禪，應該知道了「太極拳」其名，而且也有了王宗岳《太極拳論》在手。所以，北京出現太極拳的時間，為1866年。

　　署名「聖揆」原載1938年2月1日《體育月刊》第
5卷第2期的《記北京太極拳之起源》一文云:「當西曆
1866─1867年,即前清同治五六年間,惇王派侍衛赴直
隸省廣平府永年縣(即今河北省永年縣)取莊地地租。聞
當地太極拳專家楊班侯先生精太極拳,善發人於數丈外,
奇而晤之,邀請來京,以資請業」,也能佐證其事。據
李瑞東後人所存《王蘭亭序》記載,蘭亭於清同治戊辰
(1868)「至東都門拜在楊露禪先師門下,受教七載」,
而從王蘭亭傳承的後世拳學者中,僅見馬振華藏本中的
《太極功源流支派論》相關文字,尚未發現有系統的「三
十二目」。此也可證王蘭亭等從其學時,楊家尚未形成系
統的「三十二目」拳譜,這也反過來能說明,在日本出現
「體育」一詞的1868年前,「三十二目」尚未成稿。

　　1872年,楊露禪去世。1892年楊班侯去世。在楊家
兩位大師去世前,「三十二目」理應已經成稿。從《太極
法說》全佑傳吳鑑泉,再傳吳公藻有序的傳承來分析,
綜合吳公藻扉頁題簽:「此書,乃先祖吳全佑府君,拜門
後,由班侯老師所授。是於端芳親王府內抄本。在我家已
一百多年。公藻在童年時,即保存到如今」云云,「端芳
親王府」顯然是口耳誤傳所致。惇親王係道光第五子奕
誴。奕誴之次子載漪,過繼給瑞郡王奕誌為子,娶慈禧侄
女為妻,深得慈禧的倖幸。光緒二十年,慈禧進封其為端
郡王,因奏摺中筆誤,誤「瑞」作「端」,於是將錯就
錯,改稱「端郡王」。時年,係西元1894年,楊班侯已
過世兩年。由此可見,楊家楊露禪、楊班侯父子,也無緣

得見這位端王。《武魂》2005年第2期刊發據張耀忠整理
的馬岳梁一段太極拳源流的講話稿，稱武汝清授「六爺」
石貝勒之請，邀楊露禪赴京授拳。「六爺」石貝勒，是否
係道光帝第六子「鬼子六」奕訢，也待考。但無論如何，
「三十二目」成稿時間應該在1868到1892這二十餘年
間，這一點可以確證下來。

從「三十二目」文辭所透析的理學思想來分析，表面
上嚴格遵循程朱「以理為氣之主宰」的思想，而骨子裡
又透出「致良知」「知行合一」的陸王心學，且以戴東原
的「知覺運動」，來為「躬行踐履」，找到切身體悟的
理論基礎，這與清季理學大家蒙古正紅旗人倭仁（1804—
1871）的理學觀點極其吻合。倭仁的「存誠以養未發之
中，謹幾以驗已發之和，此日用切要工夫」，這一「誠」
字，契合於一身之日用切要之中，處處去體悟「未發」
「已發」之「中」之「和」，為太極拳之後演進為儒學者
修養性情的日用工夫提供了堅實的理論基石。

倭仁贊同宋儒葉仲圭的觀點，以為「太極在人心為
喜怒哀樂未發之中」，「未發」性之本體，「已發」是感
物而動。對倭仁肅然起敬的曾國藩，更是從「格物」「誠
意」兩處致功努力，以「身」「心」處處，一句一行，切
己體察，窮究其理。「吾心，物也；究其存心之理，又博
究其省察涵養以存心之理，即格物也。吾身，物也；究其
敬身之理，又博究其立齊坐屍以敬身之理，即格物也」，
倭仁、曾國藩的這些立身切要功夫，對其時或此後京城士
大夫階層的影響力，無疑對太極拳從拳腳之能擢升為性命

之學，起到了至關重要的作用。

「三十二目」的文論結構

「佑本」「藏本」兩本影印本，目錄下皆稱「共三十二目」，正文皆另有「太極空結挫揉論」「懂勁先後論」「尺寸分毫在懂勁後論」「太極指掌捶手解」「口授穴之存亡論」「張三豐承留」「口授張三豐老師之言」「張三豐以武事得道論」八篇。習慣上，人們將這八篇與原三十二目相加，合稱為四十目。二水以為，這種簡單的數字相加，未必能說明道理。

「目」的原義，是指羅網中網格狀的網眼。而織成網眼的各類絲緒，謂之「紀」。「綱」，則是提挈羅網的總纜繩。羅網之有綱紀，綱舉則紀不亂，而萬目俱張。而反過來說，羅網之綱目，都是由各類絲緒編就的。那麼，「三十二目」裡，綱是什麼？紀又是什麼？只有理順了「三十二目」的綱，分清了「三十二目」的紀，才能「舉一綱而萬目張，解一卷而眾篇明」。

總攬整部「三十二目」的總綱是「張三豐承留」「口授張三豐老師之言」「張三豐以武事得道論」三篇。

「八門五步」「八門五步用功法」「固有分明法」「沾黏連隨」「頂匾丟抗」「對待無病」「對待用功法守中土」「身形腰頂」「太極圈」「太極進退不已功」「太極上下名天地」「太極人盤八字歌」十二目，是自成完整的羅網體系。

「太極體用解」「太極文武解」「太極懂勁解」「八五十三勢長拳解」「太極陰陽顛倒解」「人生太極解」「太極分文武三成解」「太極下乘武事解」「太極正功解」「太極輕重浮沉解」「太極四隅解」「太極平準腰頂解」，此十二目，皆以「解」名。解者，從刀判牛角。意思是說，此十二目是對前十二目所涉及諸多概念，做進一步釋詁與條陳縷析。「太極四時五氣解圖」「太極血氣根本解」「太極力氣解」「太極尺寸分毫解」「太極膜脈筋穴解」「太極字字解」「太極節拿抓閉尺寸分毫解」「太極補助（瀉）氣力解」，此八目，從「人身一太極」角度，進一步對「太極下乘武事」，做詳細的闡幽明微。

而「太極空結挫揉論」「懂勁先後論」「尺寸分毫在懂勁後論」「太極指掌捶手解」「口授穴之存亡論」等五目，皆以「論」名，也不在目錄的三十二目之列，疑係三十二目成文之後，另行補織的網眼。此五論，雖是對前三十二目的進一步補充，但相對而言，內容較雜亂，且有資料堆積的現象，文意也不具系統性。

接下來，我們來談談編織「三十二目」的各類絲緒。

「三十二目」的理論體系

核心價值觀：性命之學

總綱「張三豐以武事得道論」，雖托偽張三豐之論，實則採信了「來瞿唐先生圓圖」所附之釋義「流行者氣，

主宰者理，對待者數」，從理、氣、數角度，來闡述天道人事，之後，直接將話題指向了最為本源的哲學命題：「我是誰？我從哪裡來？我到哪裡去？」

根據達爾文的進化論，猴子從樹上跳下來，學會了直立，學會了使用工具，就逐漸變成了人。這一觀點雖然推翻了上帝造人說，卻也一直被後世人類學家所詬病。原因是：倘若人是由猴子變來的，那麼，這一物種的進化過程，一定是非常漫長，而且一定是參差不齊的過程。不可能一夜之間，像孫猴子拔下一把猴毛，輕輕一吹，就齊刷刷地全變成了人！倘若人果真是從猿猴進化而來的，那麼這個世界上是否還存在正在進化為人的猿猴呢？可惜，幾百年來，人類上天入地，都沒發現正在進化中的「類人猿」的存在，就連化石都沒找到。而早期西方傳教士，常常搓手成泥，告訴黑頭發黃皮膚的國人：人，都是藍眼睛白皮膚高鼻梁的上帝用泥造出來的。

中國古人，從來都不相信藍眼睛的上帝能造出黃皮膚黑眼睛的中國人來，更不相信猴子跳下樹來就能變成人。

「張三豐以武事得道論」云：「故乾坤為大父母，先天也；爹娘為小父母，後天也。得陰陽先後天之氣，以降生身，則為人之初也」「前天地者，曰理；後天地者，曰母」「理，化先天陰陽氣數；母，生後天胎卵濕化」。生命，就像是一顆豆，後天的胎卵濕化，譬如孩子十月懷胎，瓜熟蒂落，呱呱落地之時就開始稟受了天地大父母的「命性賦理」，就像是豆皮裡的豆瓣與胚芽，開始萌發新生命之芽了。

《黃帝內經》認為，腎藏精。人的兩腎就像是兩瓣豆瓣，先天至精，一炁氤氳，謂之命。而「命門」，乃人身之君，乃一身之太極，兩腎之中是其安宅。就像萌動新芽的豆苗，元始真如，一靈炯炯，謂之性。一炁氤氳，得一靈炯炯，彷彿性命之燈， 那間被點亮了。

明白了人之生，總綱也非常智慧地直面了人之死：「夫欲尋去處，先知來處。來有門，去有路，良有以也。」人死後去了哪裡？那得先知道您是從哪裡來的；既然知道是從哪扇門進來的，也自然應該知道，得從哪扇門出去麼。「良有以也」，世事萬物，大凡就是這種原委啊。接下來，又強調說：「可知來處之源，必能去處之委。來源去處既知，能必明身不（之）修」。既然知道了死生原委，那麼一定也該明白「修身」之要了。人人都懼怕死亡，幾乎所有宗教，都是以眾生得離死亡的巨大威脅為感召。即便是「不打妄語」的佛教，原本宣導不垢不淨、不生不滅的「涅槃」，之後也以「西方極樂」，來感召深受「生老病死」之苦的眾生。

「張三豐承留」所倡導的「人心惟危，道心惟微，惟精惟一，允執厥中」十六字心法，彷彿華夏文明的炯炯靈性，像是點亮華夏文明的火種盒。以天地乾坤為大父母，以伏羲為人祖，堯舜禪讓，燈火相繼，我們的先祖之所以能直面生死，在於他們內心深處另有「延年藥在身」，在於他們內心深諳「死而不朽」「元善從復始」之道。

《左傳·襄公二十四年》載魯國叔孫豹如晉，晉國執掌國政的中軍將范宣子向叔孫豹請教「死而不朽」事。襄

公二十四年，應該是西元前549年，距今三千五百年前，山東的士大夫叔孫豹去山西訪問。時任山西中軍將的范宣子，是個官二代、富二代，出生於名宦大將之家，世代為官，他剛剛繼任中軍將，執掌國政，自然是春風得意。他在歡迎叔孫豹的宴席上就躊躇滿志地問叔孫豹一個問題：「死而不朽是什麼意思呢？」叔孫豹一時沒理解范宣子問話的真實意圖，沒有搭理他。范宣子緊接著解釋說：「譬如我們范家，自從虞舜時代，歷經夏商周，我們祖祖輩輩都是執掌山西的國政。死而不朽，說的就是我們范家吧？」叔孫豹終於明白，范宣子一路迎候，設紅毯，擺國宴，原來是想借此炫耀家族的榮光。

這位山東的士大夫謙謙地說：「據我所知，你們范家，世澤綿長，這叫世祿。我們山東有位先大夫叫臧文仲，死了很久了，他的話我們依然記得，這叫死而不朽。他說：大上有立德，其次有立功，其次有立言。雖久不廢，此之謂不朽。」意思是說，這個世界上，人人都會死的，只有三種情形，是死而不朽的。首先是立德，其次有立功，其次有立言。富二代也好，官二代也罷，只是保一族榮耀，子孫蔭澤，這只能叫世祿，不能稱不朽。

而這三種「死而不朽」的情形，並非所有人都能做得到。「口授張三豐老師之言」稱，只有「大而化之者，聖神也」「大成文武聖神」「聖神之境」者，才能死而不朽。而「先覺者得其環中，超乎象外，後學者以效先覺者所知能」，「以體育修身進之」，以「手舞足蹈」的採戰之術，結合自身拳架套路訓練的陰陽採戰與兩人推手訓練

的兩男對待採戰（可證其時尚未出現男女之間的推手訓
練），「自天子至於庶人，壹是皆以修身為本」，「能如
是，表裡精粗無不到，豁然貫通，希賢希聖之功，自臻
於曰睿曰智，乃聖乃神，所謂盡性立命，窮神達化在茲
矣」。此時，太極拳正為凡夫俗胎指明了一條人人皆能希
賢希聖，人人皆能曰睿曰智，進而盡性立命，階及神明之
路。「無論智愚賢否，固有知能，皆可以之進道」。

人格結構：精氣神

「太極體用解」云：「理為精氣神之體，精氣神為身
之體。身為心之用，勁力為身之用。心身有一定之主宰
者，理也。精氣神有一定之主宰者，意誠也。」「太極文
武解」云：「文者，體也；武者，用也。文功在武，用於
精氣神也，為之體育；武功得文，體於心身也，為之武
事。」精、氣、神，用於身，體於心，用於理，體於意
誠，潛移默化於每一位中國人的身心之間，構成了傳統中
國人的獨特的人格結構。

氣，由「炁」簡化而來。炁，上面是無，下面四點
為火，意思是一種無形的看不見的能量。《性命圭旨》認
為，人十月懷胎，得自父母的祖炁為二十四銖，相當於舊
制的一兩。而一旦呱呱落地，來到世界上的一　那間，彷
彿手機接通了雲端的存儲，立刻開始下載來自天地的正
炁。天地正炁合計為三百六十銖，合舊制十五兩。兩者相
合為老秤一斤。

《性命圭旨》對來自父母的能量稱作「祖炁」，貌似

現代科學所稱的基因，而「盜」得天地的「正炁」，更像是「死而不朽」的文武聖神，他們代代上傳到雲端的各類軟體。這是華夏文明代代承繼的正能量。「祖炁」與「正炁」，構成了人之初最為基本的先天元炁，也是人與動物最為根本的區別之所在。就像是手機，這是「人」牌手機的初始設置。氣，水穀入胃，化生氣血。營氣以和調五臟，灑陳六腑，內壯肉膜絡，外壯骨筋脈。衛氣以溫分肉，充皮膚，肥腠理，司開合，像是手機的防毒軟體，抵禦外邪侵入。先天之炁與後天之氣，構成了人格結構中維持「身心」日常運作的行為態勢與基本面貌。

先天至精，一炁氤氳的賦命，構成人格結構中最為本源的元精。人生之初，赤子混沌，這元精著於祖竅，晝居二目，而藏於泥丸，夜潛兩腎，而蓄於丹鼎。

《黃帝內經》云：「女子七歲，腎氣盛，齒更髮長……丈夫……二八，腎氣盛，天癸至，精氣益瀉……八八，則齒髮去。腎者主水，受五臟六腑之精而藏之，故五藏盛，乃能瀉」「夫精者，生之本也」「腎者，主蟄，封藏之本，精之處也」「人始生，先成精，精成而腦髓生，骨為幹，脈為營，筋為剛，肉為牆，皮膚堅而髮毛長，穀入於胃，脈道以通，血氣乃行」。五臟六腑在先天之氣與後天之氣的共同作用下，也逐漸生華成精，這些後天之精與先天的至精，構成了人格結構中司生殖、化生天癸、主齒髮筋骨、宣發七情六慾的生生不息的生理能量。《黃帝內經》說：「並精而出入者謂之魄」，這些生理能量作用於身心，又直接與七魄相關聯。

　　原始真如，一靈炯炯的理性，構成了人格結構中最為基本的元神。《黃帝內經》說：「兩精相摶謂之神」，先天之精與後天之精的相互作用，生化成後天之神。先天的元神，與後天兩精相摶而生成的神，構成了人格結構中與天地之理相貫通，以天地之理為法則，制約引導精氣運行的心理能量。人的心理能量，作用於身心，由「任物」到「處物」乃至「應物」，是一個逐漸完善，逐漸遞進的過程。「所以任物者謂之心，心有所憶謂之意，意之所存謂之志，因志而存變謂之思，因思而遠慕謂之慮，因慮而處物謂之智。」

　　太極拳的「應物自然」的至高境界，不是一蹴而就的，一定是在不斷的拳架、推手訓練過程中，由任到憶，由憶到存，因志而存變，因思而遠慕，由審識處物以臻隨感而應，應物無方。這一過程中，「心」這款軟體的升級，又必須是在「身」的不斷的修煉中得以完成。「隨神往來者謂之魂」，先天元神與後天之神相互作用於身心，又直接與三魂相關聯。

　　精能化氣，氣能化神，神能還虛，三者又相互制約、相互提升，散發出中華文明特有的人格魅力。優秀的人格結構，應該是煉魂制魄，懲忿窒慾，降龍伏虎，戒嗔戒色，煉情歸性，是故，聖人，以魂運魄。而常人的人格結構中，煩惱妄想，擾苦身心，流浪生死，常沉苦海，永失真道，是故，眾人，以魄攝魂。

　　「人生太極解」云：「此言口、目、鼻、舌、神、意使之六合，以破六欲也，此內也；手、足、肩、膝、肘、

胯亦使六合，以正六道也，此外也」。太極拳解決了由「心」的內六合，「以破六欲」，「身」的外六合，「以正六道」的這樣一種身心合練的方式，旨在完善人格結構中以魂運魄的功能。

能量的樞紐：命門三焦

精氣神的人格結構中，「氣」，是每個人在各個不同的階段，即時所呈現的某種生存態勢，這一態勢，由內而外代表過去、今天、將來一個時間段的形態與趨勢；「精」，則是維繫人生存的一種生理能量，是呈現每個人不同生存態勢的基本能量；「神」，則是提升生存態勢的一種心理能量，同時也能排遣「精」這種生理能量，在其轉化過程中所積累的各類負能量（心理熵），諸如喜、怒、憂、思、悲、恐、驚給人所帶來的負面影響。精氣神三者構成的人格結構，構成了生物能、生理能、心理能之間相互的轉化相互的制約。

人，從汲取天地間各類生物能量，由口腔、腸胃、臟腑各個器官的轉化，讓由生物能量轉化成的「水穀之氣」，生化為諸類生理能量、心理能量，這期間，需要有一個綜合的能量輸送、生化、排泄、轉換系統。《黃帝內經・素問・六節藏象論》說：「脾、胃、大腸、小腸、三焦、膀胱者，倉廩之本，營之居也。」五臟中的脾與六腑中的胃、大腸、小腸、三焦、膀胱，擔綱起了這一功能。

而五臟六腑中，尤其值得一提的是六腑中的三焦。焦者，從雥，從火。《說文》云：火所傷也。薰烤之意。引

申為一種能量。西學東漸後，將西方物理學中的能量和
機械功的衍生單位翻譯為「焦耳」或「焦」，也是因為
「焦」本身所具有的能量概念。《難經》云：「三焦者，
水穀之道路，氣之所終始也。」但是，三焦究竟是什麼？
在哪裡？現代西方醫學一直找不著三焦之所在。就像西方
醫學找不到傳統醫學經絡之所在一樣。

李時珍《本草綱目》卷三十之胡桃云：「三焦者，元
氣之別使；命門者，三焦之本原。蓋一原一委也。命門指
所居之府而名，為藏精系胞之物。三焦指分治之部而名，
為出納腐熟之司。蓋一以體名，一以用名。其體非脂非
肉，白膜裹之，在七節之旁，兩腎之間，二系著脊，下通
二腎，上通心肺，貫屬於腦，為生命之原，相火之主，精
氣之府。人物皆有之，生人生物，皆由此出。《靈樞·本
髒論》已著其厚薄緩結之狀。」

從《黃帝內經》一直到後世的《類經·附翼》，命門
所指，沒有定論。傳統中醫限於解剖學的落後，李時珍說
命門「其體非脂非肉，白膜裹之」云云，自然不足採信。
但李時珍將三焦與命門合二為一，一原一委，一體一用，
上通心肺，下通二腎，「藏精系胞」「出納腐熟」「為生命
之原，相火之主，精氣之府」等概念，對後期趙獻可、張
景岳創立「命門學說」影響巨大。

同時，李時珍在《本草綱目》卷三十四辛夷中則說：
「鼻氣通於天。天者，頭也、肺也……腦為元神之府，
而鼻為命門之竅……」他認為，命門在兩腎之間，它的
竅位是鼻子。傳統中醫認為：目為肝竅，口為脾竅，耳為

腎竅,舌為心竅,鼻為肺竅。李時珍將兩鼻孔看作命門之竅。竅者,空也。這為「命門三焦」這個能量轉換系統,找到了關鍵的出口。就像鍋爐的煙囪一樣。人在呼吸之時,鼻竇為命門之竅,顯然比鼻為肺之竅,對膈膜的沉降要求也更高。而這一要求,也決定了只有逆腹式呼吸,才能讓呼吸更為深入綿長。由此可見,李時珍的命門與三焦一體一用,鼻竇為命門之竅的理論,為能量轉換的陰陽顛倒法則,提供了理論基礎。

「三十二目」分別在「人生太極解」「太極平準腰頂解」兩目,都出現「兩命門」一詞。「人生太極解」云:「顱丁火,地閣承漿水,左耳金,右耳木,兩命門也,茲為外也」,結合上文的臟腑內五行,此節講的是人體頭部的外五行。所以,此節「兩命門也」句,應該是有衍文的。二水以為,完整的語句應該是:「鼻竇,兩命門,土也。」此觀點顯然是採納了李時珍「鼻為命門之竅」之論,一改傳統中醫理論「肺主鼻,在竅為鼻」的觀點。「太極平準腰頂解」後半段,通常被句讀成「車輪兩命門,一纛搖又轉。心令氣旗使,自然隨我便……」五言二十句的打油詩,而此節在田兆麟老師刊行的《太極拳手冊》中,被句讀作「車輪兩,命門一,纛搖又轉,心令氣旗,使自然,隨我便……」這一句讀,也可以從陳炎林《太極拳刀劍杆散手合編》一書得以證實。此書「太極拳之腰腿」一節中云:「太極拳老譜中云:『車輪輪,命門一,纛搖有轉,心令氣旗,使自然隨我便,滿身輕利者,金剛羅漢練』,可見命門之重要也。」

我們僅僅從一門強身健體的功法角度，來考量傳統健身方式的演進，從《易筋經》的揉膜到太極拳的知覺運動，無疑是一個質的飛躍。而這一飛躍的關鍵之處就是，人們的關注點開始從原先側重的腹部「玉環穴」，轉移到腰部的「命門」了。另外，人在呼吸之時，鼻竅為命門之竅，顯然比鼻為肺之竅，對隔膜的沉降要求也更高。而這一要求，也決定了只有逆腹式呼吸，才能讓呼吸更為深入綿長。

由此可見，李時珍的命門與三焦一體一用，鼻竅為命門之竅的理論，為讓純粹內壯的氣功，得以巧妙地與武術形態相結合創造了理論基礎；也讓坐式、臥式的小周天功法，演進為任督統領、蹻維相聯的大周天功法；在此基礎上，逐漸將純粹強身健體的運動形式，演進為「知覺運動」為核心訓練體系的，身心合一、性命雙修的人格完善體系。「十三勢行工歌訣」之「命意源頭在腰隙」「刻刻留意在腰間」，不管是「腰隙」還是「腰間」無不在強調太極拳中命門三焦的重要。

能量轉化的法則：陰陽顛倒

來知德《周易集注》篇首易經雜說諸圖，首列自己繪製的「來瞿唐先生圓圖」，並附釋義云：「流行者氣，主宰者理，對待者數。」他說：「伏羲之圖，易之對待，文王之圖，易之流行。而德（來知德）之圖，不立文字，以天地間理、氣、象、數不過如此，此兼對待、流行、主宰之理，而圖之也」「伏羲之易，易之數也，對待不移者

也」「文王之易，易之氣也，流行不已也」「有對待，其氣運必流行而不已。有流行，其象數必對待而不移」。

日月為易。太陽對宇宙天地的影響力，往往是以「風」的形式發揮作用的；而月亮對宇宙天地的影響力，往往是以「水」的形式發揮作用的。傳統文化的「風水」，其實是探究日月陰陽對於宇宙天地的影響力。流者，水行也。行者，氣的流動形態。拳勢之中，身軀手足有形的動作形態，和與之相關聯的無形的周遭空氣之間協同作用，構成了「流行者氣」，就像是在游泳池裡一樣，我們在行拳走架中，須要悉心去「知」、去「覺」肢體百骸在周遭空氣中的浮力。聽言則對，主動應答謂之對；坐而待之，被動應答謂之待。「對待無病」一目云：「所謂對待者，不以頂匾丟抗相對於人也，要以沾黏連隨等待於人也」，兩人推手，「彼不動，己不動，彼微動，己先動」，講透對待之理。

「三十二目」以來知德兼對待流行主宰之理，作為基本的指導思想，來闡發太極之理，以文王之易、一氣流行來解釋拳勢的變化；以伏羲之易，象數的對待來解釋兩人推手時的尺寸分毫；並進一步一本「有對待，其氣運必流行而不已。有流行，其象數必對待而不移」之理，一反劉宋三峰之採戰邪說，將房中御女之術，昇華為太極拳中陰陽顛倒內丹補濟功法。這比《易筋經》主張的「人緣未了」「功成物壯，鏖戰勝人」「設欲鏖戰，則閉氣存神，列隊行兵，自能無敵」，也有了更進一步的提升。

《張三豐全集》雜說正訛篇有云：「三峰採戰之說，

多為丹經所鄙，……行御女之術者，是猶披麻救火，飛蛾撲燈」，同書「無根樹詞注解」之「順為凡，逆為仙，只在中間顛倒顛」句，劉悟元注云：「順則為凡，逆則為仙，所爭者在中間顛倒耳。這個中字，其理最深，其事最密，非中外之中，非一身上下之中。乃陰陽交感之中，無形無象，號為天地根、陰陽竅、生殺舍、元牝門，人生在此，人死在此，為聖為賢在此，作人作獸亦在此。修道者能於此處立定腳跟，逆而運之，顛倒之間，災變為福，刑化為德。」

　　無論是儒家的「存心養性」、道家的「修心煉性」還是釋家的「明心見性」，其實都是在強調本體之「中」的重要性。儒家「人心惟危，道心惟微，惟精惟一，允執厥中」，強調的就是「執中」。道家從《老子》的「天地之間，其猶橐籥乎？虛而不屈，動而愈出。多言數窮，不如守中」，到《莊子》的「是亦彼也，彼亦是也……樞始得其環中，以應無窮」，側重的是「守中」。而釋家的「色即是空，空即是色」「五蘊皆空」，強調的是本體之「中」，洞然而空的「空中」。本體之「中」，只有在明確了命門與三焦一原一委，一體一用之後，才能真切理解命門「為陰陽之宅，為精氣之海，為死生之竇」，也才能將「執中」「守中」「空中」一一落到本體的實處，而非僅僅只是理論層面的說辭。

　　人直立行走，區別於四肢爬行的動物，命門所處的「七節之旁，兩腎之間」，在人成年之後，通常是處在凹陷的狀態，只有透過「含胸拔背」「收腹斂臀」，才能將

命門處原本凹陷的位置凸顯出來。透過呼吸的配合，人在吸氣時，「拔背」與「斂臀」，旨在將大椎上下對拉，節節拔長。與此同時，透過「含胸」與「收腹」，隨著吸氣肌（膈肌與肋間外肌）收縮，胸膈隆起的中心下移，從而增大胸腔的上下徑，使得胸腔和肺容積增大。而呼氣時，只是由膈肌和肋間外肌舒張的結果，肺依靠本身的回縮力量，而得以回位，並牽引胸廓縮小，恢復吸氣開始的位置。一吸一呼，一卷一放，一蓄一發，一合一開，一入一出，隨著命門所處位置的上下向、左右向的一張一弛，完成了對於「心火」「腎水」的一降一伏。

「太極文武解」云：「夫文武尤有火候之謂，在放卷得其時中，體育之本也；文武使於對待之際，在蓄發適當其可者，武事之根也」，此謂陰陽顛倒之理。「太極陰陽顛倒解」更為詳實地描述了「降龍伏虎」的過程：「如火炎上，水潤下者，水能使火在下，而用水在上，則為顛倒。然非有法治之，則不得矣。譬如水入鼎內，而置火之上，鼎中之水，得火以燃之，不但水不能下潤，藉火氣，水必有溫時。火雖炎上，得鼎以隔之，是為有極之地，不使炎上之火無止息，亦不使潤下之水永滲漏。此所為水火既濟之理也，顛倒之理也。」《性命圭旨》的「火候崇正圖」注：「真橐籥，真鼎爐無中有，有中無，火候足，莫傷丹，天地靈，造化慳。」丘處機云：「真火者，我之神也，而與天地之神，虛空之神，同其神也。真候者，我之息也，而與天地之息，虛空之息，同其息也。」

吸氣時腰背拔伸而不變形，而胸腹內陷，呼氣時復

原，此時的一吸一呼，猶如一個一半由竹片木板、一半由牛皮製成的風箱，「天地之間，其猶橐籥乎？虛而不屈，動而俞出」，人生的小天地，所謂的橐籥，所謂的鼎爐，所謂的火候，所謂的刀圭金丹，無非只是透過調息，鍛鍊與神往來的魂和並精出入的魄。聚精會神，火候神息之後，才能讓原本隨時有可能魂飛魄散的「心」打包，上傳在雲端，之後，當「身」這台電腦硬體徹底壞了，軀體腐朽之後，新的電腦硬體能夠因緣際會，再從雲端下載那顆不朽的「心」。這才能與天地、與虛空同神同息了；這才是叔孫豹所謂的「死而不朽」；這才是孟子所謂的沖塞天地的浩然之氣；這便是仙道的本體虛空，超出三界；這便是佛學的不垢不淨，不生不滅；這才是「執中」「守中」「空中」；這才是太極拳最為崇高的定位。

　　徐哲東先生《太極拳發微》之伏氣一節，參透了橐籥神息之論，並且將太極拳的命門修煉方法落到了可操作層面，摘錄如下：「伏氣之法，樞鍵在腰。何以言之？以腰肌之弛張，可使膈膜為升降。腰肌張，則膈膜降而為吸；腰肌弛，則膈膜升而為呼。將欲息之出入深細，在膈膜之升降與肺之弛張相應……此和順形氣之法也。惟胸肌與腰肌弛張能相調適，則胸腹之間，一闢一閉，自爾和順……及夫浸習浸和，息之出入，浸斂浸微，遂若外忘其形，而一於氣，內忘其氣，而合於志。志者，意之致一者也。及其和順之至，志亦如忘，但覺融融泄泄，若將飄搖輕舉然，夫是之謂能化。」

　　由此可見，一旦離開了命門三焦「放卷得其時中」

的本體之「中」，採戰之術，難免「猶披麻救火，飛蛾撲燈」「作人作獸亦在此」焉。而守得此「明陽交感之中」，「文武使於對待之際，在蓄發適當其可」，誠如「太極懂勁解」所言：「自己懂勁，階及神明，為之文成。而後採戰，身中之陰，七十有二，無時不然。陽得其陰，水火既濟，乾坤交泰，性命葆真矣」。「口授張三豐老師之言」以張三豐口述的語氣，語重心長地闡述了太極拳陰陽採戰之理，並將一個人的行功走架，與兩個人的推手訓練，在陰陽補泄上做了進一步的說明：「前輩大成文武聖神，授人以體育修身進之，不以武事修身。傳之至予，得之手舞足蹈之採戰，借其身之陰以補助之陽。身之陽男也，身之陰女也。然皆於身中矣。男之身只一陽，男全體皆陰。女以一陽採戰全體之陰女，故云一陽復始」「所謂自身之天地以扶助之，是為陰陽採戰也。如此者，是男子之身皆屬陰，而採自身之陰，戰己身之女，不如兩男之陰陽對待修身速也」「今夫兩男之對待採戰，於己身之採戰，其理不二。己身亦遇對待之數，則為採戰也，是為汞鉛也。於人對戰，坎離之陰，陽兌震，陽戰陰也，為之四正。乾坤之陰，陽艮巽，陰採陽也，為之四隅。此八卦也，為之八門。身足位列中土，進步之陽以戰之，退步之陰以採之，左顧之陽以採之，右盼之陰以戰之。此五行也，為之五步。共為八門五步也。」

流行之要：身形腰頂

周易的象數，在二水看來，其實是一個高度概括的定

性定量分析的數理模型。從敵我雙方的天時、地理、人和三個變數，來考量勝數把握。陰陽老少，往來進退，常變凶吉都在上下兩卦、各自的天地人三爻之中。在太極拳行拳走架中，自身三大節——手、身軀、腳構成了天、人、地三盤。「能如水磨催急緩，雲龍風虎象周旋。要用天盤從此覓，久而久之出天然」「四手上下分天地，採挒肘靠由有去」「此說亦明天地盤，進用肘捌歸人字」「太極人盤八字歌」等都是旨在用周易的八卦象數來說明太極拳行功走架之理。

天地人三盤構成的己身「卦象」，倘若將與之相關聯的無形的周遭空氣，幻想成假想敵，那麼這一假想敵同樣也有他的天地人三盤。己身天地人三盤在運行變化時，處處設想著假想敵天地人三盤的變化，倘若如是，那麼在拳勢流行之中，「其象數必對待而不移」了，也能從行功走架中借其身之陰以補助之陽，實現己身之採戰；也能在行功走架中逐漸體悟推手中尺寸分毫的陰陽變化，「對待於人出自然，由茲往復於地天」，理固然也。天地人三盤所構成的身形間架，在進退顧盼的一氣流行之中，氣之流行，不可能像少林拳的跳竄雀躍。

三盤之中，身軀的齊頭並進，平送身軀，成為最重要的運動法則。「以身分步，五行在焉，支撐八面」「以中土為樞機之軸。懷藏八卦，腳跐五行」，在這種運動法則之下，軀體的運動變化，並不能靠兩腳的屈伸蹬撐來帶動，而是需要依靠「樞機之軸」，像是圓規的實腳，以帶動身形的弧線變化。所以「身形腰頂」成了太極拳最為基

本的身法要領。

　　「太極平準腰頂解」以及第七、八、九目所涉及的「身形腰頂」，其實都是對王宗岳《太極拳論》中「立如平準，活如車輪」的詳實詮釋。老拳論一而再，再而三的解釋「立如平準，活如車輪」，可見此八字構成了太極拳行功走架的核心內容：「身形腰頂豈可無，缺一何必費功夫。腰頂窮研生不已，身形順我自伸舒」「退圈容易進圈難，不離腰頂後與前」「頂如準，故云頂頭懸也。兩手，即平左右之盤也。腰，即平之根株也。立如平準，所謂輕重沉浮、分厘毫絲，則偏顯然矣。有準，頂頭懸，腰之根下株，尾閭至囟門也，上下一條線，全憑兩平轉變換取，分毫尺寸，自己辨」。

　　文字中，「腰頂」與「身形」是一組相對應的概念。腰頂的運動要領是「窮研」，身形的要領是順著腰頂的窮研而「伸舒」。所以，這裡的腰頂，其實是泛指由尾閭內斂、虛領頂勁之後所形成的「軸」，就像是研磨的杵，身形則是順隨著「軸」的研磨而形成的「圜」，只有身形舒展了，「圜」才得以舒展。命門所在處腰背肌上下前後的對拉拔長，胸腹如橐籥般吸呼內動，抽靠貼沉，練的是肩胯之兩「軸」，橐籥，一半竹片木板，一半牛皮，胸腹貼腰背時，能讓脊椎節節舒展，對拉拔長，而不至於讓腰背變彎曲變駝背，這是用以訓練腰頂功夫。腰頂窮研的「研」，首先得能讓腰頂可以成為研磨之研杵，如此方能如孫祿堂所說：「在各式圜研相合之中，得其妙用矣。」

　　虛實分明，講的就是要求肩胯兩軸像圓規兩腳一樣，

分清虛實。拳勢在進退顧盼之中，前後的肩胯構成兩「軸」，就像圓規兩腳一樣，可以相互變換虛實。「退圈容易進圈難，不離腰頂後與前」，講的就是前後「腰頂」的變化法則。實軸是研，是天平的根株也。虛軸在實軸「研」動下，構成了氣如車輪的「圓」。所以，當拳勢右向運轉時，必定以右側的肩胯為「研」，以帶動左側身形氣如車輪的「圓」；當拳勢左向運轉時，必定以左側的肩胯為「研」，以帶動右側身形氣如車輪的「圓」。兩「圓」就像兩個大車輪，帶動身形的進退顧盼。雖然有兩個車輪，但是在拳勢運行中，始終只是或左或右，或虛或實，像是左右變換車輪的獨輪車，其實始終只有一個車輪在發揮效用。

「車輪兩，命門一，纛搖又轉，心令氣旗，使自然，隨我便」，兩車輪在虛實變化時，作為指揮兩車輪變化的「樞機之軸」，就像軍營中指揮作戰的大旗（纛），在「不離腰頂後與前」時，一定會有些許的「搖又轉」。這一現象，倘若體現在推手之中，就會出現「斷接俯仰」的現象。解決「斷接俯仰」處的細微變化，就成了推手中真假懂勁的關鍵之處。所以「太極字字解」中說：「求其斷接之能，非見隱顯微不可。隱微似斷而未斷，見顯似接而未接。接接斷斷，斷斷接接，其意心身體神氣極於隱顯，又何慮不沾黏連隨哉。」

手，是天平的託盤，拳者，權也。就太極拳的運動形式而論，兩軸互為虛實，研圓相生是，圓研相合，身形隨著兩軸互換的「搖又轉」中，極其舒展之能，兩手如天平

的託盤一般，尺寸分毫，感知運動變化之妙，成了推手中最重要的身形法則。

對待之妙：知覺運動

作為優秀的傳統文化，太極拳能給我們帶來評判是非、善惡、美醜的評價標準，乃至成為我們意識形態中充滿正能量的價值觀；同時太極拳還能提供我們發現問題、思考問題、分析問題、解決問題的思維模式；久而久之，還能給予我們潛移默化的力量，甚至滲透到我們的一舉一動，一言一行，成為我們的日常生活坐立行臥的行為模式。希賢希聖，曰睿曰智，允文允武，盡性立命的儒家心學，自然成為太極拳修煉者最高的價值標準。

易學中，提取人、我雙方的天、地、人三參數之變數，構建定性定量分析的數理模式，用周易特有的二分四象限的分析方式，從各參數中找出常變因數，並在變數中，理順變數之間相錯相綜、流行對待關係，進而歸納總結出解決問題的最佳方式。這一方式，體現在人的任物、處物上，一定是直面，而不是逃避；一定是陰陽採戰，而不是頂抗丟匾；一定是後發先至，而不是先聲奪人；一定是以柔克剛，而不是以強凜弱⋯⋯由此，太極拳從最為基本的鍛鍊「命門三焦」的能量轉化系統出發，讓我們的意志、思慮、心智得以提升，最後帶我們走入希賢希聖，曰睿曰智，允文允武，盡性立命，乃至階及神明之路。這一點，體現在兩個人之間的推手訓練上尤為直接有效。誠如「口授張三豐老師之言」云：「採自身之陰，戰己身之

女，不如兩男之陰陽對待修身速也。」

　　為什麼推手訓練比自身行拳走架時的一氣流行、採戰陰陽「修身速」呢？「三十二目」反覆強調了一個概念「知覺運動」：「知覺運動得之後，而後方能懂勁，由懂勁後，自能階及神明矣」「非乃武無以尋運動之根由，非乃文無以得知覺之本原。是乃運動而知覺也」「先求自己知覺運動，得之於身，自能知人」「要知人之知覺運動，非明沾黏連隨不可」「運動知覺來相應，神是君位骨肉臣。分明火候七十二，天然乃武並乃文」「補自己者，知覺功虧則補，運動功過則瀉，所以求諸己不易也」。

　　知覺運動，作為邏輯概念，最早是朱熹注釋《孟子・告子》時所提出來的，戴東原批駁朱熹的觀點，他在《緒言》中以答問形式，首次為「知覺運動」做了邏輯上嚴密的判定。他說：「知覺運動者……此生生之機，原於天地者也，而其本受之氣，與所資以養者之氣則不同。所資以養者之氣，雖由外而入，大致以本受之氣召之……氣運而形不動者，卉木是也。凡有血氣者，皆形能動者也。由其成性各殊，故形質各殊，則其形質之動，而為百體之用者，利用不利用亦殊。知覺云者，如寐而寤曰覺，心之所通曰知，百體皆能覺，而心之知覺為大。凡相忘於習則不覺，見異焉乃覺。魚相忘於水，其非生於水者，不能相忘於水也，則覺不覺亦有殊致矣。」

　　簡言之：覺，乃大腦皮層對外界事物的第一感受。《黃帝內經》云：「所以任物者謂之心，心有所憶謂之意，意之所存謂之志」。這是心以任物的階段，是一種

意志。而知，則是深思熟慮後，對於外界事物的一種判斷和處理。《黃帝內經》云：「因志而存變謂之思，因思而遠慕謂之慮，因慮而處物謂之智。」由覺而知，是任物到處物的飛躍。表面上沒有動靜，內裡在流行變化，稱之為運。動，乃形體上的變化。知覺運動者，此生生之機原於天地者也。「固有分明法」云：「蓋人降生之初，目能視，耳能聽，鼻能聞，口能食。顏色聲音香臭五味，皆天然知覺固有之良；其手舞足蹈，於四肢之能，皆天然運動之良。」雖然是固有之良，但往往相忘於習，則不覺，見異焉，乃覺。就像是魚一樣，悠游在水裡，它就無法感知水的存在；人生活在空氣之中，也感受不到來自空氣的浮力與阻力。「固有分明法」接著分析道：「思及此，是人孰無。人性近習遠，失迷固有。要想還我固有，非乃武無以尋運動之根由，非乃文無以得知覺之本原。是乃運動而知覺也。」

　　戴東原認為：「血氣心知有自具之能：口能辨味，耳能辨聲，目能辨色，心能辨夫理義。」他認為動、植物雖也有知覺運動，但人，本受之氣、所資以生之氣不同。只有人才能認知自然規律的理和作為道德規律的理，就像味道與聲色一樣，可以被人類所認識。人在不斷提高認知的前提下，「心之神明，於事物成足以知其不易之則，譬有光皆能照。而中理者，乃其光盛，其照不謬也」。他認為，人的認識是一個不斷由「精爽」進到「神明」的過程，「精爽」的過程，先自知，後知人，尺寸分毫，由尺及寸，由寸及分及毫，允文允武、允聖允神；當階入「聰

明睿聖」時，「心之精爽，有思則通……精爽有蔽隔而不能通之時，及其無蔽隔，無弗通，乃以神明稱之。」「三十二目」自始至終貫穿了戴東原的知覺運動理念。

在這一理論指導下，我們的推手，就不是以顧頂逞強為能，更非呈角力相撲之技，而是在相互的沾黏連隨之中，克服頂匾丟抗之病，去覺知對手勁力的大小、方向、目標，甚至在對手勁力之將發而未發、預動而未動的端倪，去把握對手的運與動。「夫運而知，動而覺。不運不覺，不動不知。運極則為動，覺甚則為知」「彼不動，己不動，彼微動，己先動」。太極推手訓練，其實就是由相互之間的沾黏連隨，旨在把握雙方勁力意氣的運與動，在將發而未發、預動而未動的端倪中，去觀照和感觸陰陽消長之機。沾，我之於人的主動知覺；黏，我之於人的被動知覺；連，人之於我的主動知覺；隨，人之於我的被動知覺。頂，我之於人的過激反應；匾，我之於人的消極反應；丟，人之於我的消極反應；抗，人之於我的過激反應。老一輩在總結推手經驗時有聽問欺吃之說。

聽：實則為肌膚神經末梢的感知能力。多與人接手摸勁，多聽，方能懂。可見，聽勁是懂勁的基礎。聽勁首先得聽勁源；其二，聽勁之方向；其三，聽勁力大小、厚薄；其四，聽對手勁的真假虛實。

問：以細微的感觸，或輕或重，去探知對手勁路的虛實變化。聽後沒懂，不能不懂裝懂，不懂則問。一問對手中軸臧否；二問對手勁的真假；三問對手功力大小。

欺：施以假像，誘使對手失勢。聽了，懂了，方有所

作為。一用指欺,二用肘欺,三用肩欺,四用身欺。

吃:得機得勢,全盤照收。「開」吃、「沉」吃、「提」吃、「引」吃。個中滋味,還得靠自己在推手中摸索。

與人推手,功夫的進階,也自然是先練開展,後練緊湊。緊湊之後,再求尺寸分毫。由尺而寸,而分而毫,蓋縝密之至,不動而變也。尺寸分毫之後,方能探究節膜、拿脈、抓筋、閉穴之功。太極正功,不是剛柔相濟,而是方圓相濟。圓之出入,方之進退,隨方就圓之往來也。方為開展,圓為緊湊。方圓規矩之至,孰能出此外哉。如此得心應手,仰高鑽堅,神乎其神,見隱顯微,的的思的,生生不已,欲罷不能。在懂勁之後,階及神明之前,得真切領悟「斷接俯仰」四字。原因是這四字,關乎意念與勁路的變化。斷接是說神氣,俯仰則是說手足身形的變化。沾黏連隨,講究的是不丟不頂的功夫,而接接斷斷,斷斷接接,講究的卻是即丟即頂的功夫。觸發之間,便是即丟即頂;觸發之間,便是斷接之能。勁斷意不斷,意斷神可接,方能階及神明。

小　結

值得一提的是,我國傳統的文論體系,或遵循孔夫子「述而不作」的理念,作者即便有新穎的觀點,也往往出入于古人的注腳之中,六經注我,我注六經,文字風格也常常傾向於散漫的隨筆,很少有系統的、條理分明、邏輯

嚴密的文本。而具備自己特有語言概念並且具備命題判斷等形式邏輯，進而來闡述自己完整理論體系的文本，更是鳳毛麟角。通常人們將刊發於1908—1909年間的《人間詞話》，作為我國完整理論體系的里程碑，這得歸功於王國維多年來浸潤於叔本華哲學、美學體系之功。而成稿於1868—1892年間的「三十二目」，有自成一格的拳學概念，有系統的理論體系，且進階的層次分明，文本的邏輯嚴密，顯然已經具備了自己獨特的文論體系，較王國維的《人間詞話》早了近四十年。這個意義上而論，研討此譜的價值，已遠遠超出了僅限太極拳理論這一界域了。

此譜成稿的1868—1892年間，正值楊露禪經武汝清舉薦赴京城授拳之時，「母子同治」的清朝，飽受鴉片戰爭與太平天國戰火，風雨飄搖，內憂外患，開始順應時勢，一方面，廢科舉，興學堂，開海禁，辦洋務，興辦新式工業，創辦新式軍隊；另一方面，不甘心全盤的西化，企圖以夷制夷，以傳統勢力來牽制洋務勢力，從而穩固深宮的垂簾與集權。搖搖欲墜的清廷，得以暫時的喘息，迎來了為期十來年的所謂「同治中興」。洋務期間，面對「西學東漸」之風所帶來的西方文化的大肆侵襲，傳統文化顯得不堪一擊，巍巍大中華，甚至連皇者自尊，都被西方文明的槍炮打得稀巴爛。與此同時，西方教會勢力乘機大勢入侵各地，甚至向內地、鄉村入侵。華夏傳統的社會價值觀，遭到前所未有的挑戰，而各地不約而同的教案事件，最終都還是以屈服告終。傲慢的慈禧也開始學會「量中華之物力，結與國之歡心」。而「中學為體，西學為

用」的口號，顯然是傳統文化在面對被全盤西化時，所做的最後的抵抗。這個口號之下，蘊含著當時知識分子內心復興儒學價值觀及禮制綱常的偉大理想。

此時，一種被冠以「太極」之名的武術形式，被當作是聖人之學，藉以慰藉國人脆弱的心。王公貴族、達官貴人於是群響眾應。成稿於其時的此譜，從「張三豐承留」「口授張三豐老師之言」等文字背後，不難看出這些拳論的捉刀者，他們的內心有著明確的政治主張與抱負。從字裡行間，我們能感受得到儒家「人心惟危，道心惟微，惟精惟一，允執厥中」這耳提面命、諄諄囑咐的十六字心法。這在他們看來，像是華夏文明的火種盒，關乎天下蒼生，家國命運。而太極拳生逢其時，正擔綱起承載聖人之道的道器。

改革開放三十餘年，經濟大復興，太極拳在這一時代背景之下，也得到了空前的繁榮。在新的歷史時期，如何定位太極拳，重新認識太極拳，如何讓億萬修煉太極拳者得以享受更多來自優秀傳統文化的給養，這或許也是我們研讀老拳譜「三十二目」的意義所在。

二水居士

後 記

　　《楊振基傳太極拳內功心法》定稿初期，有徒弟和編審人員提出讓我寫一篇後記，我謝絕了。原因是丈夫寫書妻子寫後記很難用筆，夫妻情感之故，筆墨間難免有過褒之詞；另一個原因，此書稿是楊式太極拳內功心法修煉的功夫論文，我雖多年隨丈夫練功，但自己對內功的體悟，還遠遠達不到對書中內容提出自己意見的程度，故不想寫。

　　而現在提起筆來，是因為此稿成書，確實有我必須要說的話。

　　《楊振基傳太極拳內功心法》最初成稿，是有隨作者學拳的拳友和學生提出，修煉拳架之餘，能否把師門所傳內功練法寫成內部教材，以方便拳友和學生在家中單獨習練。於是有了這本萬餘字的小冊子。

　　作者也沒想成書，他只是想把「楊式太極拳」的內功修煉和無極、太極、陰陽、五行、道家的煉丹、中醫的針灸、人體經絡、穴位，這些看似玄虛的東西，用自己的語言，向隨自己練拳的拳友和學生講解清楚，作個貼近現代科學的解釋。

　　雖然看過此稿的拳友多有勸丈夫將其出版的建議，但此書真的得以成書，與太極拳界一位德高望重的老先生是

分不開的，那就是我們夫婦多年的摯友翟金錄先生。

翟金錄先生畢業於天津南開大學哲學系，任邯鄲市政府秘書長兼旅遊局局長期間，親自赴地區各縣考察尋找旅遊項目。在永年廣府古城，他聽到了楊露禪、武禹襄的太極拳故事，深受觸動，並敏銳地認為，應該把太極拳作為邯鄲最重要的旅遊品牌來建設。1991年，翟金錄先生在邯鄲策劃舉辦了「中國永年國際太極拳聯誼會」，並連續八屆擔任大會秘書長，不遺餘力地進行太極拳的推廣與傳播交流活動，使太極拳這個古老的拳種，以嶄新的面貌走向了全國、走向了世界。

可以說，翟金錄先生把畢生精力獻給了太極拳的推廣與傳播事業，退休後的他仍擔任著邯鄲市哲學研究會會長、邯鄲市收藏協會會長、南開大學歷史學院兼職教授、中國武術博物館籌備處顧問、復旦大學博物館籌備處顧問、中國太極文化國際總部學術指導、楊式太極拳第五代名家傳人聯誼會主席等職務，這使定居上海的他經常往返於上海與邯鄲兩地之間。

每當翟先生回到故鄉，總會與我丈夫找一潔淨小館，一杯老酒，三兩個小菜，老友把盞，暢聊太極與人生感悟。這樣的情景、這樣的友誼常常使我這個局外人感動且羨慕——這是互不相求的愛拳人的友誼，是傳統文化的繼承人、傳承人之間的友誼，淡如流水卻源遠流長。

是年春天，翟金錄先生回到了邯鄲，我和丈夫去看望他，閒聊中提到了丈夫寫的小冊子，翟先生提出想看一看，因當時手頭沒有。第二天先生飛回上海後，電話中又

專門提到了此稿，於是由我將書稿寄往上海。

沒想到的是數日後收到翟先生電話，電話中能聽出翟先生有些激動，他說書稿看了好幾遍，雖字數不多，裡面有東西是真東西，並囑咐一定要出書，要讓更多愛太極拳、練太極拳的人暸解什麼是「三十二目」，什麼是「楊式太極拳」內功。在翟金錄先生的鼓勵下，丈夫開始對書稿做進一步修訂。

夏天，我們接到翟先生電話，說他已來到邯鄲，請我們夫婦過去一起吃午飯。見面後才知道，一個月前翟先生在四川青城山參加學術交流活動時，乘船失腳，小腿骨折。他是撐著雙拐打著石膏在女兒攙扶下，乘飛機從上海飛到邯鄲的。

見到我們，他顧不上傷痛，拿出了書稿談他的看法，言談間拿出他腿傷臥床期間為書稿寫的序言，即書前所附「楊式太極理論體系的成功踐行者」。

歸家後，我們細讀先生手稿，全篇12頁，洋洋灑灑四千餘字。丈夫讀後說：「這何止是一篇序，這是對楊式太極『三十二目』進一步的詳解，這是翟兄抱著傷痛臥床執筆的傑作，是在催我儘快成書。翟兄用心良苦啊。」

翟先生的鼓勵，雖然堅定了丈夫易稿成書的信心，可因為缺乏經驗，真正編輯起來還是非常困難的。也許世界上每件事情的緣起與成因，都有自己的機緣──2015年10月的一天，我晨練後走出校門，偶遇丈夫的摯友萬戀道長，道長俗名李玉璽，原是工程學院教授，自青年時即習武式太極拳，大學讀中醫學，又深通易經易理，多有著

述。退休後潛心習道，現在廣西一道觀研究道學，是道家全真教華山派26代傳人，久習道家「丹道內功」功法。

數年未見，他瘦了許多，聽說我丈夫也在邯鄲，當天下午即來家裡探望。老友相見，一壺濃茶，半日長談，話題自然離不開功夫和太極。聽說丈夫在整理手稿，他讓我取出來說帶回去看一下，我們當然希望他能不吝賜教。讓人感動的是，兩天後道長來家送還的手稿，從格式、一些字詞、標點符號都做了修改，他認為內容極好，應盡快成書，且要求修改後他再看一遍。

就這樣，萬戀道長在半個月內三次幫助修改書稿，最後一遍送還書稿時，他帶來一張出版社名片，並說此人是他老友可幫助聯繫出書。讓我們沒想到的是，時隔一天再聯繫萬戀道長，竟得知道長已因賁門癌住院治療。

萬戀道長大學學的中醫學，一生研究醫理，他自己對病情不可能不知道，想到道長因修改書稿推遲了住院治療的時間，案頭的書稿顯出從未有過的沉重。

我和丈夫去醫院看望萬戀道長，兩天未見，他更瘦了，因面部神經麻痹，臉已變形，讓人心中不由一陣痛惜。然而道長開口不談病況，而是詢問書稿並再三叮囑要盡快成書，說此書內容不僅對練太極拳的人大有補益，而且所有練武術、練內功的人都可從中受益……

病床前道長與丈夫的對話，句句不離武術的研究和傳播，那種「春蠶盡絲」之感讓我深深感動。此情此景，絕非感謝可言表，於是有了把這些事情也記錄在書裡的念頭。

　　本書雖然是我丈夫一生習武的體悟，但在武學的世界中，只是滄海一粟；而這一粟的傳承，離不開翟金錄先生與萬懋道長這樣真正熱愛太極拳的朋友，真正熱愛傳統文化的人的支持與幫助。我想，正是無數這樣的人，才使中國傳統文化代代相傳，延綿不絕。而今，成書在即，衷心祈願天佑英才。

王鈞仕

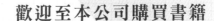

歡迎至本公司購買書籍

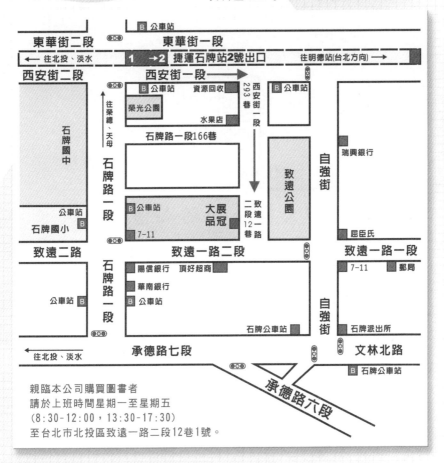

親臨本公司購買圖書者
請於上班時間星期一至星期五
(8：30-12：00，13：30-17：30)
至台北市北投區致遠一路二段12巷1號。

建議路線
1.搭乘捷運
　　淡水信義線石牌站下車，由月台上二號出口出站，二號出口出站後靠右邊，沿著捷運高架往台北方向走(往明德站方向)，其街名為西安街，約80公尺後至西安街一段293巷進入(巷口有一公車站牌，站名為自強街口，勿超過紅綠燈)，再步行約200公尺可達本公司，本公司面對致遠公園。

2.自行開車或騎車
　　由承德路接石牌路，看到陽信銀行右轉，此條即為致遠一路二段，在遇到自強街(紅綠燈)前的巷子左轉，即可看到本公司招牌。

國家圖書館出版品預行編目資料

楊振基傳太極拳內功心法／胡貫濤　著
——初版——臺北市，大展，2019[民108.12]
面；21公分——（楊式太極拳；16）
ISBN 978-986-346-274-3（平裝）

1.太極拳

528.972　　　　　　　　　　　　　108016925

楊振基傳太極拳內功心法

著　　者／胡　貫　濤

責任編輯／苑　博　洋

發 行 人／蔡　森　明

出 版 者／大展出版社有限公司

社　　址／台北市北投區（石牌）致遠一路2段12巷1號

電　　話／(02) 28236031・28236033・28233123

傳　　真／(02) 28272069

郵政劃撥／01669551

網　　址／www.dah-jaan.com.tw

E-mail／service@dah-jaan.com.tw

登 記 證／局版臺業字第2171號

承 印 者／傳興印刷有限公司

裝　　訂／眾友企業公司

排 版 者／千兵企業有限公司

授 權 者／北京科學技術出版社

初版1刷／2019年（民108）12月

定　價／350元

大展好書　好書大展
品嘗好書　冠群可期

大展好書　好書大展
品嘗好書　冠群可期